# 高职院校"双师型"教师专业素质培育研究

王 岚 吴跃本 崔金魁 著◎

东南大学出版社
SOUTHEAST UNIVERSITY PRESS
·南京·

图书在版编目(CIP)数据

高职院校"双师型"教师专业素质培育研究 / 王岚，吴跃本，崔金魁著. —南京：东南大学出版社，2021.10
ISBN 978-7-5641-9735-3

Ⅰ. 高… Ⅱ. ①王… ②吴… ③崔… Ⅲ. ①高等职业教育-师资培养-研究 Ⅳ. ①G718.5

中国版本图书馆 CIP 数据核字(2021)第 213705 号

**高职院校"双师型"教师专业素质培育研究**

| | |
|---|---|
| 著　　者 | 王岚　吴跃本　崔金魁 |
| 责任编辑 | 张丽萍 |
| 出版发行 | 东南大学出版社 |
| 社　　址 | 南京市四牌楼 2 号 |
| 邮　　编 | 210096 |
| 网　　址 | http://www.seupress.com |
| 电子邮箱 | press@seupress.com |
| 经　　销 | 全国各地新华书店 |
| 印　　刷 | 广东虎彩云印刷有限公司 |
| 开　　本 | 700 mm×1000 mm　1/16 |
| 印　　张 | 8.75 |
| 字　　数 | 125 千字 |
| 版　　次 | 2021 年 10 月第 1 版 |
| 印　　次 | 2021 年 10 月第 1 次印刷 |
| 书　　号 | ISBN 978-7-5641-9735-3 |
| 定　　价 | 38.00 元 |

(本社图书若有印装质量问题，请直接与营销部联系。电话：025-83791830)

# 序言

2016年李克强总理在政府工作报告中首次提到鼓励企业开展个性化定制、柔性化生产,培育精益求精的工匠精神,在全社会引起广泛关注,人们开始对工匠精神的历史源流和主要内容进行深入了解;2017年政府工作报告中指出大力弘扬工匠精神,厚植工匠文化,恪尽职业操守,崇尚精益求精,打造更多享誉世界的中国品牌;2018年政府工作报告中再次指出全面开展质量提升行动,对标国际先进水平,弘扬工匠精神,来一场中国制造的品质革命。自此,工匠精神在中华民族伟大复兴之路上得到全面传承。当今世界正经历百年未有之大变局,在实现中华民族伟大复兴的关键时期,习近平总书记在全国劳动模范和先进工作者表彰大会上的讲话明确指出要大力弘扬以爱国主义为核心的民族精神和以改革创新为核心的劳模精神、劳动精神、工匠精神,这些精神是时代精神的生动体现,是鼓舞全党全国各族人民风雨无阻、勇敢前进的强大精神动力。

通过调查和访谈发现,高职院"双师型"教师的专业素质存在专业道德弱化、高职教育理念不先进、专业知识结构不合理、专业能力不强、专业服务质量不高等问题。在专业道德方面,教师要在道德行为和道德心灵方面为学生做出表率,展现爱岗敬业、关爱学生、严谨笃学等职业道德、职业精神和职业理想;要培养政治坚定、素质全面、技术过硬的技能型人才，须坚持用习近平新时代中国特色社会主义思想铸魂育人，充分认识到加强学生职业道德教育是社会主义市场经济发展、完善职业教育教学体系、增强学生就业竞争力的需要。在高职教育理念方面，随着终身教育理念的普及和《国家职业教育改革实施方案》的深入落实，为更好地适应产业发展需求，拓展就业创业本领，着力培养复合型技术技能人才，职业教育体系、办学体制和育人机制均在逐步完善或深化，教师要从职教实践的特质出发，不断尝试和探索与专业知识相关的教育技能。专业知识结构方面，作为知识的传授者，教师要有精深的学科知识；为保障"1+X"证书制度的实施，教师要以校企合作、育训结合为教材教法改革切入点，重构课程体系，要具备课程开发、设计实施教学、教学反思和现代信息技术运用等教学能力；为激发学生的求知欲，教师要有广博的文化知识，将其内化为个人文化素养，以具备高尚境界和健康人格特质。专业能力方面，教师要以校企合作、育训结合为教材教法改革切入点，重构课程体系，要具备课程开发、设计实施教学、教学反思和现代信息技术运用等教学能力；要适应X证书的职业技能等级标准要求，提升自身专业实践创新能力，需具备专业能力、指导学生技能大赛、技术技能积累创新和建设校内外实训基地等实践创新能力；要规划好自己的职业生涯，不断提升自身专业成长能力和科研能力。专业服务质量方面，教师要掌握行业发展动向，把握专业建设方向，要定期赴企业开展调研，采取有效的调研、数据分析方法，将调研获取的行业企业新技术、新技能、新知识、新要求和其他相关信息及时应用于专业建设和教学改革；要做校企、校生和企生衔接人，把技术研发、改造和管理等合作成果用于指导实践教学，有效促进产教融合校企"双元"育人；要深入研究职业技能等级证书标准，参与搜集行业培训需求信息，不断更新自身理论和专业知识，提升实践技能，针对不同需求，面向社会开展职业培训。

基于此，本书聚焦工匠精神视域下如何提升高职院"双师型"教师的专业素质，分别从中国传统工匠精神的当代价值、高职院"双师型"教师专业素质存在的问题、高职院"双师型"教师专业素质存在的问题探析、基于工匠精神"双师型"教师专业素质培育探索、工匠精神视域下的高职院"双师型"教师专业素质的培育模型五个方面进行了详细阐述。其中，王岚撰写了第四章、第五章吴跃本撰写了第一章、第三章和第四章，崔金魁撰写了第六章，邢玲撰写了第二章，此外，邓欣泺还参与了部分章节的撰写。南京信息职业技术学院马克思主义学院博士、副教授王增芬主审了本书，并在本书撰写过程中提出了很多宝贵意见，在此表示感谢。

# 目 录

第一章　绪论 …………………………………………………… 001

第二章　中国传统工匠精神的当代价值 ………………………… 009

　第一节　中国文化视域下的工匠精神 …………………………… 009

　第二节　传统工匠精神的内在特质 ……………………………… 011

　第三节　工匠精神发展嬗变的时代启示 ………………………… 020

第三章　高职院"双师型"教师专业素质存在的问题 …………… 024

　第一节　高职院"双师型"教师概念的发展 …………………… 024

　第二节　高职院"双师型"教师专业技能的内涵界定 ………… 034

　第三节　高职院"双师型"教师专业素质存在的问题 ………… 039

第四章　高职院"双师型"教师专业素质存在问题的探析 …… 048

　第一节　影响教师专业素质发展的因素 ………………………… 048

　第二节　高职院"双师型"教师专业标准缺失 ………………… 056

　第三节　高职院"双师型"教师专业发展制度不完善 ………… 061

　第四节　高职院"双师型"教师职前培养缺位 ………………… 068

　第五节　高职院提供的"双师型"教师专业素质提升环境不理想 …… 

　………………………………………………………………… 074

第五章　基于工匠精神"双师型"教师的专业素质培育探索 … 080

　第一节　人力资本视角下的高职院教师培训探析 ……………… 080

　第二节　终身教育理念下高职院双师队伍建设研究 …………… 088

第三节　双师素质背景下高职院青年教师激励机制的构建 …… 094

第四节　高职院教师发展中心建设现状及趋向 ………………… 098

第五节　自我效能视域下职业教育中工匠精神培育的探讨 …… 105

# 第六章　工匠精神视域下的高职院"双师型"教师专业素质的培育模式 …………………………………………………………… 114

第一节　建立师德引领的"双师型"教师专业发展制度 ………… 114

第二节　完善"双师型"教师职前职中培养过程 ………………… 119

第三节　打造"双师型"教师能力提升平台 ……………………… 120

**主要参考文献** ……………………………………………………… 130

# 第一章 绪 论

## 一、国内外研究现状及趋势,研究的理论意义和实践价值

### 1. 国内外研究现状

一是关于高职院"双师型"教师专业素质的研究现状。20世纪80年代伊始,我国职业教育提出了"双师型"教师的概念;20世纪90年代成为我国教育行政部门指导职业教育重点校建设、师资队伍建设以及职业教育教育教学改革的主题;2000年,教育部下发了《关于开展高职高专教育师资队伍专题调研工作的通知》,第一次使用了"双师型"教师与"双师型"素质教师的概念;2014年国务院出台了《关于加快发展现代职业教育的决定》,明确指出建设"双师型"教师队伍。随着我国高等职业教育对国民经济社会发展贡献度的日渐提升,再加上西方职教强国的示范引领,国内学者们对高等职业教育"双师型"教师专业素质的研究不断深化。通过知网文献检索发现,国内研究成果数量近年来呈现逐年增长趋势,在1998年只有20篇,而到2016年则多达1 350篇。学者们研究的内容主要涉及四个方面:一是对高职院"双师型"教师专业素质内涵的研究,如最早提出高职院"双师型"教师概念的王义澄教授认为专业教师在业务上必须要有本专业的知识和能力;二是关于高职院"双师型"教师专业素质结构的研究,如台湾职业教育师资研究专家周谈辉教授在他的专著《职业教育师资培育》中把理想的职业教育专业师资所具备的素质归纳为专业精神、专业道德、专业能力等九个方面;三是关于高职院"双师型"教师专业素质的发展路径研究,学者们从不同的理论视角进行了各类阐释,如戴伟芬的高职院"双师型"教师专业素质培养路径研究;四

是关于高职院"双师型"教师专业素质培养的机制体制研究,代表人物如郭泽斌、夏金星等。国外关于该方向的研究文献较少,现有研究主要集中在职业教育的培养模式上,如法国的学校主体式,日、英、美的企业主体式,德国的双元制式等,具体研究涉及教学设计、教学方法、教学过程、教学能力标准、教学评价等方面。

  二是关于"工匠精神"的研究现状。李克强总理在2016年的政府工作报告中提出:要鼓励企业开展个性化定制、柔性化生产,培育精益求精的"工匠精神"。弘扬工匠精神,不仅是企业自身发展的需要,也是我国由制造业大国转型为制造业强国的必要途径。"工匠精神"自提出后,迅速引起全国上下的广泛共鸣,反映出当前我国经济社会生活对高端技艺、精湛技术的高度需求。知网文献检索发现,2014年相关研究只有73篇,而到2017年已有748篇,关于工匠精神的研究已成为时下热点,研究的内容主要涉及四个方面:一是关于工匠精神内涵的研究,如肖群忠把工匠精神定义为凝结在工匠身上追求精益求精的态度和品质,还有学者对工匠精神的内涵进行分层次下定义,尽管学者对工匠精神内涵的观点不是很统一,但精益求精、注重细节、追求极致是学者目前所公认的内涵指标;二是关于工匠精神匮乏原因的分析,学者邓成认为没有理想的教育环境与氛围及现行教育体制是导致工匠精神缺失的原因,而李宏伟则认为近代工业的兴起造成了工匠精神的没落;三是关于工匠精神的培育,学者就如何培育工匠精神的看法也各不相同,有的认为应多措并举推动工匠精神的树立,有的认为要以制度的方式来培育工匠精神,还有学者认为政府要重视和倡导工匠精神,高职院要承担培育工匠精神的责任,企业要成为工匠精神的维护者等;四是关于中外工匠精神的比较研究,很多学者选择日本和德国的工匠精神作为研究的参照系,对比中外工匠精神的差异性,并提出改进意见。

  通过对相关文献的综述可以发现,已有研究为高职院"双师型"教师专业素质培育研究奠定了一定的文献基础,提供了多样化的分析视角和可借鉴的理论基础。但我国高职院"双师型"教师专业素质培育研究还存在一定的局限,还有诸多突破与发展的空间。从工匠精神的视角同时分析高职院"双师型"教师专业素质的模型建构、培育体系建构和效果评价的文献,目前尚未见到。一是在"双师型"教师专业素质内涵的研究上呈现"重技轻德"的倾向,且研究不成体系。"双师型"教师专业素质的内涵至今没有权威的政策界定,使得其概念处于多元发展的状态,从而没有形成独立的"双师型"教师专业素质培育体系。二是从理论建构的角度讲,描述性研究较多,学理性研究较少。目前学者的研究各个方面都有所涉及,如职业道德、专业知识、社会服务等,但没有建立根植于本土"工匠精神"视域下高职院"双师型"教师专业素质培育的理论体系,导致研究成果适用范围有限,难以推广运用。三是工业社会背景研究多,知识社会背景研究少。现有研究主要是以工业社会为背景,从知、情、意、行四方面来讨论高职院"双师型"教师专业素质的培养体系,而从知识社会背景方面研究较少。学者们未能提出关于"工匠精神"导向下高职院"双师型"教师专业素质的整体框架及培育体系,致使实践操作层面缺乏整体依据,因此,也很难为建构高效的高职院"双师型"教师队伍提供指导。

2. 研究趋势

自2016年党中央首次把"工匠精神"写入政府工作报告后,政府、学界、行业和企业高度重视,不同专业、学科的学者们对"工匠精神"的研究必然会蔚然成风,如何把"工匠精神"融入"双师型"专业素质培育体系中也会越来越引起相关学者们的关注。学者们可能关注的研究点有工匠精神融入"双师型"教师专业素质的结构要素、培育路径和方法、指标体系、效果评价等方面,对基于工匠精神培育"双师型"教师专业素质的认识会越来越深化和系统化。

3. 理论意义

在理论上可以深化理性认识和奠定理论研究基础。"工匠精神"与高职院"双师型"教师的专业素质有天然的契合性。同其他教育类型的人才培养目标和办学特色相比，高职院教师队伍需具有明显的"双师型"素质特征，既要具备较高的理论教学素质，也要具备较强的实践教学素质，而工匠精神包含的执著、专注、完美和情怀，正是师者所需要的匠心。作为高职院教师，由技入道、道技结合是其在教学中所追求的最高境界。培养一批具有工匠精神的教师，不仅是校企深度融合的需要，也是提升高职院办学内涵的重要举措。本研究可以丰富现有高职院"双师型"教师专业素质培育研究的理论体系，为后继研究者及课题组成员后续研究活动奠定理论基础。

4. 实践价值

一是促进"双师型"教师专业素质提升的效度和质量。当前背景下，要求高职院培育大批高素质、高水平的"工匠型"人才来适应经济社会发展的新常态，而铸就具有"工匠精神"的高职教师，提升"双师型"教师的专业素质就成为实现人才培养目标的关键着力点。本研究对高职院"双师型"教师、专业素质结构、效果评价等进行探讨，分析"双师型"教师教学专业素质的现状与价值取向，可为管理部门研制相关制度提供参考，可给高职院提供一定的工作范式。本研究中"双师型"教师专业素质结构部分，可为教师自身的发展提供有益资讯。

## 二、研究目标、研究内容、拟突破的重点和难点、创新之处

1. 研究目标

本研究着眼于揭示基于工匠精神构建高职院"双师型"教师专业素质培育体系之"理"，分析基于工匠精神培育高职院"双师型"教师专业素质之"象"，探索工匠精神融入高职院"双师型"教师专业素质培育路径与培育体系构建之"法"，总结以工匠精神为导向的高职院"双师型"教师专

业素质培育之"果",以提升高职院"双师型"教师专业素质的质量和效度,提高高职院"双师型"教师的职业发展能力,促进其可持续性发展,为促进高职教育改革,培养社会所需要的高素质技能型、应用性的大国工匠贡献力量。

2. 研究内容

(1) "双师型"教师专业素质培育的困境与工匠精神的提出

① 高职院"双师型"教师专业素质与工匠精神的意蕴。

② "双师型"教师专业素质培育的困境。

③ 走出高职院"双师型"教师专业素质培育困境的出路:工匠精神的培育。

(2) 工匠精神的中西文化思想渊源与嬗变

① 西方文化视域下的工匠精神。

② 中国文化视域下的工匠精神。

③ 工匠精神的现代发展嬗变。

④ 重拾培育工匠精神的教育追求。

(3) 基于工匠精神培育高职院"双师型"教师专业素质的现状

① 高职教育培养工匠精神的现状。

② 高职院"双师型"教师队伍现状调查。

③ 工匠精神融入高职院"双师型"教师专业素质培育的现状。

(4) 工匠精神融入"双师型"教师专业素质培育的当代际遇与必要性

① 职业教育对工匠精神的呼唤。

② "双师型"教师培育工匠精神的必要性。

(5) 基于工匠精神培育"双师型"教师专业素质的路径探索

① 基于工匠精神构建校企合作的双融运行机制。

② 基于工匠精神创建"双师型"教师职业发展的保障制度。

③ 基于工匠精神搭造"双师型"教师专业素质培育的平台。
④ 基于工匠精神实施"双师型"教师专业素质长效培养激励机制。
⑤ 基于工匠精神建设"双师型"教师专业素质的支撑文化。

（6）构建工匠精神融入高职院"双师型"教师专业素质的培育体系

① 工匠精神融入高职院"双师型"教师专业素质培育体系构建的原则。
② 细化以工匠精神为导向的"双师型"教师岗位胜任指标体系。
③ 开发工匠精神融入高职院"双师型"教师专业素质培训体系。
④ 基于工匠精神构建高职院"双师型"专业素质的结构模型。
⑤ 工匠精神融入高职院"双师型"专业素质培育的效果评价体系。

3. 拟突破的重点和难点

拟突破的重点是如何将工匠精神融入高职院"双师型"教师专业素质培育过程中，以消解"双师型"教师专业素质培育的困境。本研究力图从历史与现实、中国与西方相比较的脉络中梳理工匠精神与高职院"双师型"教师专业素质之间的天然契合性，从运行机制、保障制度、打造平台、激励机制和建设支撑文化等方面探索基于工匠精神培育"双师型"教师专业素质的路径，以期突破研究的重点。

拟解决的难点是基于工匠精神构建高职院"双师型"专业素质的结构模型，并在此基础上，构建工匠精神融入高职院"双师型"专业素质培育的效果评价体系。本研究拟从工匠精神融入高职院"双师型"专业素质培育的评价内容、评价标准和评价方法等三个方面构建效果评价体系，克服其难点。

4. 创新之处

一是研究视角新。本研究试图将工匠精神融入"双师型"专业素质的培育过程中，以期推动"双师型"教师专业素质的提升。从这个视角研究"双师型"专业素质培育体系的构建，对工匠精神本身而言是一种传承和发展,对"双师型"专业素质的培育而言,是方法上的超越与创新,即超越了以往"双师型"专业素质培育的传统理论。

二是研究内容新。本研究试图分析基于工匠精神建构高职院"双师型"专业素质的结构要素,构建工匠精神融入高职院"双师型"专业素质的结构模型。尝试构建工匠精神融入高职院"双师型"专业素质培育的效果评价体系,以对工匠精神融入高职院"双师型"专业素质培育质量进行检测,从而对培育效果进行实践验证,在"双师型"专业素质传统研究基础上向前迈进一步。

### 三、研究思路

以基于工匠精神构建高职院"双师型"教师专业素质培育体系为研究对象,按照"问题提出——观点论证——实证调研——问题分析——路径探索——体系构建"的研究思路,最后落脚到探索如何构建工匠精神融入高职院"双师型"教师专业素质培育体系。参照图1对该课题的研究思路做简要说明。

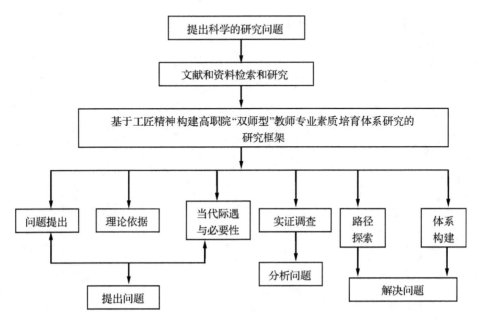

图1 课题的研究思路设计图

## 四、研究方法

1. 文献资料分析法。本课题将通过对大量相关文献进行检索查阅,梳理、归纳分析和掌握与本课题内容相关的已有研究成果,在此基础上构建自己的理论框架和研究内容。

2. 调查访谈法。本课题将针对高职院"双师型"教师队伍现状、高职教育培养工匠精神的现状及价值取向、工匠精神融入高职院"双师型"教师专业素质培育的现状等内容设计调查问卷,对江苏省15所高职院进行抽样调查与访谈,运用SPSS数据统计软件对调查结果进行分析,归纳总结出高职教育培养工匠精神的现状、价值取向及存在的问题。

3. 反思—建构法。本课题在反思高职院"双师型"教师专业素质培育现状的基础上,结合对高职教育与社会发展趋势的基本判断,将工匠精神融入"双师型"教师专业素质培育过程中,探索基于工匠精神培育"双师型"教师专业素质的路径,构建工匠精神融入"双师型"教师专业素质培育体系,为后继研究者及课题组成员后续研究活动奠定一定的理论基础。

# 第二章　中国传统工匠精神的当代价值

在中华文明史中,悠久发达的手工业造就出大批能工巧匠,孕育了中国独特工匠文化与传统工匠精神。传统工匠精神,为古老中国技术引领世界作出了杰出的贡献,中国传统工匠精神蕴含着:珍视工匠、尊重工匠的职业定位,反对奇技淫巧、倡导为民服务的职业伦理以及精益求精、追求卓越的职业品格等,在当下依然具有时代价值,对新时代工匠精神的培育和弘扬有着重要的启示意义。2016年4月26日,习近平总书记在知识分子、劳动模范、青年代表座谈会上提出要弘扬工匠精神。党的十九大报告中提出"建设知识型、技能型、创新型劳动者大军,弘扬劳模精神和工匠精神,营造劳动光荣的社会风尚和精益求精的敬业风气"[①]。在人类历史发展中的很长一段时期内,中国在建筑、陶瓷、纺织、冶炼、水利等诸多领域的技艺在世界上保持领先的地位。这种地位的获得是我国先辈工匠们在长期实践中技艺积累传承的结果,也是中国传统优秀文化孕育的工匠文化与工匠精神的外在呈现。

## 第一节　中国文化视域下的工匠精神

早在人类的祖先产生之初,为了繁衍生息和生存发展,他们进行物

---

① 习近平.决胜全面建成小康社会 夺取新时代中国特色社会主义伟大胜利[M].北京:人民出版社,2017.

质性实践活动,生产食物和生活器物。在长期探索和改造自然的过程中,他们掌握了一系列生产制造技术。随着生产力不断发展与提升,逐渐形成了专门从事某项生产的劳动群体,于是社会分工慢慢成为一种历史必然。在原始社会末期出现了第一次人类社会大分工,手工业部门从农业中分离出来,为专门从事手工业制造的工匠出现奠定了基础。

## 一、词源学含义

从词源学来看,"工"意为"巧""精","匠"作"技艺"之解,"工匠"即精于技艺、巧于手工的制造者。在我国古代,工匠被称为"百工",是对传统技术人员的统称,一般是指工作在作坊或手工工厂或家庭的劳动者,是我国古代的一个职业群体。理解工匠精神,可以从其内涵与生成两个维度来展开。从其内涵来看,所谓工匠精神,美国著名社会学家理查德·桑内特认为,"匠艺活动其实是一种持久的、基本的人性冲动,是为了把事情做好而把事情做好的欲望"[①]。在中文语境中,工匠精神意指手工业者在生产和制造产品过程中在心理、意识、思维、个性、行为等方面所呈现出来的状态,包含着工匠们的道德标准、精神品质和工作态度等。从其产生来看,工匠精神是工匠阶层在长期的制造过程和职业行为中逐渐形成一种价值取向和伦理规范,当这些价值取向和伦理规范固定为一套特定的气质与习俗之后就升华为"工匠精神"。五千年的华夏民族,创生出辉煌灿烂的中华文明。源远流长的中国优秀传统文化孕育出中国传统工匠精神,并在中华悠久历史中不断流淌。中国传统工匠精神,可以从四个层面来阐释:首先,从道德维度来看,体现为"以道驭术"的职业伦理追求;其次,从职业态度来看,表现为精益求精、臻于完美的工作态度;再次,从职业精神来看,呈现出爱岗敬业、甘于奉献的职业价值取向;最后,从职业行为来看,蕴含着开拓创新、持续专注的职业要求。总体来

---

① 理查德·桑内特.匠人[M].李继宏,译.上海:上海译文出版社,2015.

说,中国传统工匠精神是在中华传统文化中孕育出来的,对完美与极致的不懈追求、对细节永无止境的雕琢和不断突破创新的精神气质。

## 二、工匠精神分类

工匠的劳动具有不可替代性,一个科学家的工作就不能代替一个油漆匠的工作,一个博士也完全不能代替一个木工。但是不管是基本劳动,基础劳动,还是高级劳动,勤劳是必须具备的,勤可补拙,所有的事情只有通过勤劳的双手才能完成。尽管有些优秀工匠在某些方面具有天生的才能,但大多数工匠并不一定具有这方面的能力,只能靠长期从事某项劳动并进行长年累月的积累,把一件事做得游刃有余了,他才能成为出色的工匠。而不是人们普遍认为的只有文凭越高,才越能凸显劳动的价值和地位,这是极其可怕的、扭曲的认识。体现工匠精神的工匠分为两大类:一类是普通的、在各自岗位上勤劳、敬业、投入和全身心奉献的普通工匠;另一类是以稻盛和夫、乔布斯等为代表的一代巨匠。现代社会既需要普普通通的工匠的默默付出,也需要领袖式人物来领导和开拓。因为有工匠的出色表现,才有了"得心应手""运用自如""迎刃而解""游刃有余""鬼斧神工""胸有成竹""出神入化"等词语。而谈到领袖式人物时,则更多地讲述了他们所具有的非同寻常的品质和毅力,以及他们的努力影响和带动了一批批优秀团队的品质和精神。领袖式人物一般也在某些技艺方面表现出超常的造诣和功夫,并且把这种造诣和功夫恰到好处地融会贯通到其他方面。

# 第二节 传统工匠精神的内在特质

告别原始时代、进入奴隶制社会之后,我国传统手工业者慢慢演化成工匠阶层。到西周时,出现了主管营建制造的职官——百工,《考工记·总序》中记载:"国有六职,百工与居一焉。①"能工巧匠的制造技艺在一代代之间习得与传承,并形成中国传统工匠精神。中国传统工匠精神具有内在特质与独特的生成机制,是新时代工匠精神得以传承的精神宝藏。

## 一、珍视工匠、尊敬工匠——中国传统工匠精神所蕴含的职业定位

在中国传统文化中所孕育的工匠精神,得益于传统文化十分珍视工匠职业、尊重工匠的劳动。

首先,中国传统文化珍爱工匠。古代社会存在众多职业类型,不同职业在社会中有着不同地位,并形成一定的社会结构。在华夏文明之初,工匠就被认为是社会不可或缺的职业阶层,并且随着中华文明的繁荣发展而日益重要。中国古代社会对工匠阶层的重视、珍爱与珍惜,是涵养传统工匠精神的基础性条件。在很早的时候,中国文化中就有"四民"之说:"古者立国家,百官具,农工皆有职以事上。古者有四民:有士民,有商民,有农民,有工民。夫甲,非人人之所能为也。丘作甲,非正也。""四民说"指出,一个社会只要具备士、商、农、工这些职业阶层,一个国家就有了立国之本。后来发展到春秋战国时期,"四民"的社会地位次序发生变化,演变成"士农工商"。《管子·小匡》记载:"桓公曰:'定民之居,成民之事,奈何?'管子对曰:'士、农、工、商四民者,国之石民也。'(四者国之本,犹柱之石也,故曰石也。)"此时,人们认识到,只要居于"士、农、工、商"其中的一种职业,就能够安定下来,同时,国家的发展也就有了稳定的基础。故此,管子对答"士、农、工、商"是国家的柱石。总之,在先秦之前,工匠不仅具有较高的社会地位,还具有人身自由,社会对工匠阶层充满着崇高敬意。"百工之事,皆圣人之作业"②就是最好的注脚。

---

① 老根.中华传世奇书[M].北京:中国戏剧出版社,1999.
② (清)孙诒让撰;王文锦,陈玉霞点校.周礼正义[M].北京:中华书局,1987.

秦统一六国之后，由于采取了重本抑末政策，工匠社会地位有所下降，以后在几千年封建社会中的地位起起落落，但是总体上说，工匠阶层一直都得到社会的认可与珍爱。

其次，置官职设律法。中国传统文化对工匠的珍爱与重视，也体现为国家专设管理工匠的部门和制定相关法律制度。中国文化从很早就开始设置管理工匠的部门，尽管在中国传统社会的一些朝代，管理百工部门的职位虽不如其他一些部门位高权重，但是官府却一直重视和强调这些管理部门，也具有相当的级别。这些管理部门的存续对工程建设、手工业发展以及工匠精神的孕育都发挥了重要的作用。这些管理百工的部门，不同时期有着不同的称谓，如"冬官""大司空""司平""工部"等。在夏代，设置了"司工"，专司对王室手工业进行管理。西周时期，为了进一步规范和制约工匠职业，设置了"司市"官职，对工匠制造品的流程和质量进行监管。到了唐朝，随着官营手工业种类日益增多，规模扩大，官府建构了一套从中央到地方的行政经营管理系统，对工匠的资质与技艺水平有着严格要求。我国历史上第一部较为系统的行政法典《唐六典·少府监》中有明文规定：官府工匠需要接受严格的专业技术培训，不断提升其职业技能和水平。

在古代，中国还制定法律或相关制度机制，对手工业产品进行严格的规定。在先秦时期，就开始建立了产品的责任机制。《秦律杂抄》记载，工匠们在建造城池时要对其质量做一年期的担保。到了唐朝，建立了工匠署名制度。《唐律疏议》记载："物勒工名，以考其诚。功有不当，必行其罪。""物勒工名"，就是将制造者、制造机构和监督者等相关信息铭刻在器物之上，以便官府对工匠绩效考核，这是我国早期对工匠所制造产品的责任溯源与责任追究机制。"'物勒工名'作为一项源远流长、切实有效的管理制度，有效地保障了中国古代社会手工业产品品质，加强了国家对手工业生产和工程建筑质量的监管"。时至明朝，继承于元朝的匠籍制度在全国范围内建立起来,官府对民间工匠者登记造册,实现分类管理与控制,这些制度在一定程度上促进了手工业分类,有助于工匠精神的孕育与发展,"在当时的历史背景下,这种强制对工匠技艺的传承,对实现古代工匠遵从圣人创物之道,为对匠人自省的心理内化与体验,实现工匠精神内化,都是不可或缺的条件"。

再次,记载丰富从业类型。在中国传统社会中,一直都有关于"职官"与"食货"的记载,其中就有许多关于工匠管理者与职业分类的记载,这从另一个侧面说明了当时社会对工匠的重视。到了明代时,关于工匠管理者与从业者的记载非常丰富,在古代传统社会达到了它所应达到的高度。其中,在《食货志》里,有关于"坑冶""采造""烧造""采木""铁冶铜场""织造""盐法""茶法""钱钞""柴碳""珠池"等方面的记载,十分详细,十分周全,由此可见,到了明朝我国手工业技术已经得到快速发展,并取得相当高的水平。更为重要的是,此种发展,得到了官方的关注与支持,因此才有了关于工匠管理者与职业分类的记载。此种记载也表明了人们对工匠社会地位的认可,也能够使工匠更加珍爱重视自己的"工民"的地位,更加努力地从事自己的工作。

最后,被社会赞扬推崇。中国传统文化对"工民"地位的珍爱重视,还体现为一些能工巧匠被社会所认可所赞同,甚至被时代流传与推崇。在上古时期,就有着种种此类传说,燧人氏钻木取火、伏羲氏作宫室、轩辕氏造车、史黄作图等,这些人不仅是中华民族的圣人,也是令后人传颂的"能工巧匠"。之后,中国工匠文化中出现了诸如鲁班、李冰父子、张衡、诸葛亮、祖冲之、毕昇、李春、黄道婆等著名工匠。故而,有学者认为,在中国传统社会,工匠之名初现之时,实质就是一个被世人尊崇的称号。在这些工匠当中,突出的例子就是墨子。墨子不仅是一名思想家,也是一名能工巧匠,当时手工业的代言人。韩非子就对墨子的精湛手工技术给予高度赞扬,"墨子为木鸢,三年而成,蜚一日而败("蜚"同"飞"。败,指木鸢毁坏了)。弟子曰:'先生之巧,至能使木鸢飞。'墨子曰:'吾不如为车辑者巧也。用咫尺之木,不费一朝之事,而引三十石之任,致远力多,久于岁数。今我为鸢,三年成,蜚一日而败。'惠子闻之曰:'墨子大巧,巧为辑,拙为鸢。'"① 到了宋代时,手工业得到蓬勃的发展,在推动宋代经济社会发展中发挥了重要作用,当时社会主流文化对手工业的社会作用予以积极地认可和赞许,朱熹就曾说过"来百工,则通功易事,农末相资,故财用足。"②

## 二、反对奇技淫巧、倡导为民服务——中国传统工匠精神所彰显的职业伦理规范

任何一种文化或文明都会孕育出自己独特的职业伦理精神。在中国传统社会中,道德修养是做人行事的最高标准,中国传统工匠的职业伦理规范建立在中国传统道德价值观基础上,体现出一种技术伦理精神。

一是反对奇技淫巧,鼓励巧干会做。中国传统文化中的民本思想、实用思想影响并孕育出传统工匠理念,即在制作器物时,强调技术活动要遵循经世致用原则,反对奇技淫巧和华而不实。《尚书·泰誓》有云:"郊社不修,宗庙不享,作奇技淫巧以悦妇人。上帝弗顺,祝降时丧。"在传统文化中,反对奇技淫巧,是一种关涉技术与社会生活关系的哲学思想,实质是反对生产奢侈产品和反对上流社会腐败奢靡的生活。这一哲学思想蕴含于儒家、道家、墨家、法家等思想中。在儒家看来,奇技淫巧是迷惑人心、乱人心智的技术与技术产品,是理所应当受到社会鄙视的技艺,对于此类之人甚至可以开杀戒。因此,孔子云:"作淫声、异服、奇技、奇器以疑众,杀。"相传孔子提出制刑的基本原则,就是上合天意,中

---

① 梁启雄. 韩子浅解[M]. 2版. 北京:中华书局,2009.
② (宋)朱熹集注;陈成国标点. 四书集注[M]. 长沙:岳麓书社,2004.

合人伦。作淫声、异服、奇技、奇器都可以杀头，原因是它们都疑众了，也就是说，这些使众人只满足于眼前，不能尽心事天，故必杀。

值得注意的是，传统优秀文化反对奇技淫巧，并非反对工匠的巧干会干。《淮南子》有云："是故农与农言力，士与士言行，工与工言巧，商与商言数。是以士无遗行，农无废功，工无苦事，商无折货，各安其性，不得相干。"即作为四民之一的工匠，在"工"字尚需讲一个"巧"字。中国传统工匠精神所言说的"巧"，不是以追求奇特诡异而巧，而在于以巧而避免"苦事""难事""庖丁用刀十九年，而刀如新剖硎。何则？游乎众虚之间。若夫规矩钩绳者，此巧之具也，而非所以巧也"[①]。

二是服务于民，技道合一。一方面，中国传统工匠文化从不使上位者心摇神荡的角度出发，反对奇技淫巧；另一方面，又强调统治阶层应当更关注大众的生活，关注技术进步所蕴含的伦理道德观念，即技术要为黎民老百姓服务，而不是为了取悦于上层阶级或统治者。孔子就指出，百工要为大众服务，不要过分追求工巧，以免使得上位者内心摇荡，不务正业，"百工咸理，监工日号，毋悖于时，毋或作为淫巧，以荡上心"。墨家也从道与技的角度来强调匠人个人修养，他们主张工匠们要有肯于吃苦的精神自觉，要兼利于天下的行动自觉，仅仅能制造出巧妙的物件，并非是最终目标，也非值得称道，而能做出有利于民众的器物产品，才值得称颂，体现了墨家根植于平民利益的工匠情怀。

除了服务于民之外，中国传统工匠精神崇尚道技合一的职业伦理规范。在中国传统文化熏陶下的工匠们把自己的技艺融进了道德修养或修为，做工做事最后变成了做人，"我国的文化精神究其根源是一种道德的精神，这种道德精神乃是中国人内心所追求的一种做人的理想标准，

---

① 何宁.淮南子集释(中)[M].北京：中华书局，1998.

是中国人所积极争取渴望到达的一种理想人格"[①]。一些优秀的能工巧匠在日复一日制造器物的实践中,实现人文精神与技术的融合,融道于技,而不是把功利作为首要选择。传统工匠精神所倡导的道技合一原则,体现在儒家、道家、墨家等思想中。庄子曾曰:能有所艺者,技也;技兼于事,事兼于义,义兼于德,德兼于道,道兼于天。对于主张"兼爱""非攻"的墨家来说,对于工之巧的见解就是要利于百姓,凡是利于百姓生计的就是合于道,不利于百姓生计的就不是合于道。这就是墨家对于技道合一的看法。儒家文化则倡导性与天道是同一。需要强调的是,儒家这种性与天道同一的观点,深深地影响到了中国传统工匠精神。孔子曾经说过:"志于道,据于德,依于仁,游于艺。"在儒家文化中,技与艺是人性的内容之一,但是技与艺最终的依据还是道。道属于志的层面,即人生要立志为道,德与仁则是道的一种体现,而六艺则是一种手段或者说一种技艺了,艺最终要合于道。因此,从道的角度出发,儒家并不排斥科技的发展,相反,儒家学说在一定程度上推动了科技发展与进步。儒学常说的"水、火、金、木、土、谷"为"六府",指的是当时社会生活所需的所有基本技术活动;"正德、利用、厚生"为"三事",则意指在手工生产活动中的道德遵循,是个人的道德修为与社会发展的统一,既有利于百姓与社稷,又具备道德教化的功能。显然,儒家注重从道的视角提倡发展技术,为古代工匠技艺的发展提供了一种稳定的技术伦理。

### 三、精益求精、追求卓越——中国传统工匠精神所内化的职业品格

勤学苦练、认真仔细、精益求精是中国传统工匠精神的职业态度。这种兢兢业业的职业态度体现在以下几个方面。

一是切磋技艺,代代相传。精益求精是我国古代工匠精神的至高追求,《诗风》中的如切如磋、如琢如磨,是对古代能工巧匠在雕刻、打

---

[①] 钱穆.中国历史精神[M].北京:九州出版社,2013.

磨器物时认真细致、精益求精的制造态度的生动刻画。中国传统工匠精神认为，要想达到精益求精，方法之一，就是把同行聚集在一起，在切磋技艺之中，相互学习、相互借鉴、相互促进、共同发展。同时，好的工艺技巧与水平，需要有人来继承，因此需要不断选出杰出人才，让优良技艺在代与代之间传承、积累与创新，通过代代相传，以保持工艺的持续进步。"今夫工，群萃而州处，相良材，审其四时，辨其功苦（功，谓坚美。苦，谓滥恶。）。权节其用，论比计制，断器尚完利（裁断为器，贵于完利），相语以事，相示以功，相陈以巧，相高以知事（以其能知器用之事相高）。"

二是崇尚精细，日积月累。手工业技艺的发展和不断走向"愈精"，需要有时间和精力做后盾来保障，这为传统工匠精神的生成奠定了基础。在战国时期出现的《考工记》，反映出当时手工业获得了充分发展，技艺达到非常高的水平，究其原因，时间沉淀是一个重要因素，日积月累才能技艺精进。"周人尚文采，古虽有车，至周而愈精，故一器而工聚焉。如陶器亦自古有之，舜微时，已陶渔矣，必至虞时，瓦器愈精好之。"同时，精益求精也离不开细致的分工协作，这也在客观上促进了专业分工的发展和手工业制造水平的提升，如《考工记》中对"车""圭"的记载十分详细，对于牙、辐、轮、毂等都有详细的记载并附图谱加以说明。圭的分类有镇圭、桓圭、信圭、躬圭、冒圭、谷璧、蒲璧、大圭、土圭、四圭、琬圭、琰圭、谷圭、大璋、中璋、边璋、牙璋、驵琮、大琮、两圭、琮等。从上述分类可以看出，圭的工艺的发展确实达到了一个十分精细的程度，也显示出古代工匠精神对艺术创作的无限追求。同样地，对于城与屋的建造也有详细的记载，"匠人建国""匠人营国"。其中，对于国君、诸侯王、普通百姓房屋的建造规模、方位都有详细的记载。这些记载表明，当时中国房屋的建造技艺已经达到了相当高的水准。在制糖方面，提出甘蔗分为果蔗与糖蔗两种，对甘蔗种植技术（选时、所需土壤、整地）都有详细的说明，并且还指出糖的种类分为"凝冰糖、白霜糖、红砂糖"三种,并分门别类地针对各种糖的具体制造进行说明,其内容包括了对糖车的尺寸要求、材料选择、制造等,并附有图片。在冶金中,对金、银、铜、锌、铁、锡、铅的开采、洗造、冶炼、分离以及合金的冶炼方面都有详尽的说明。在陶瓷制作方面,对瓦、砖、瓶、瓮、白瓷的黏土选择、大小、模具、烧制都予以详细的记载。

三是带动农业和水利发展。中国传统工匠精神后来日益演化成一种中华民族对待自然、对待生活的态度。作为一种态度的工匠精神就不仅仅体现在手工业生产方面,而且延伸到农业和水利等方面。在作为中国农业与手工业宝典的《天工开物》中,记述的许多农业种植技术就达到了相当的高度,其中也有大量细分的工艺和种植流程。例如对于稻,分为"粳稻""稴稻""稻谷从外形来看,有长芒与短芒、长粒与尖粒的不同,其中稻米的颜色还有雪白、牙黄、大红、半紫和杂黑,等等"[①]。在稻的种植技术方面,对于社种、分栽、收获、稻田土壤改良、稻田田间管理(耕、耙、耘、耔)、稻灾的应对、水利(筒车、牛车、踏车、拔车、桔槔)等方面有详细的记载。不仅如此,还如《考工记》一样,附有配图,十分详尽。

《农政全书》对与农业发展有关的田制、农事、水利、农器、树艺、桑事、种植、牧养、制造、荒政等方面有详细的记载。特别要提到的是,它对于水利的重视超乎寻常。涉及水利的共有九卷,主要内容有总论、西北水利、东南水利(上)、东南水利(中)、东南水利(下)、水利策、水利疏、灌溉图谱、利用图谱、泰西水法(上)、泰西水法(下)。在测量水的深度过程中,总结出"勾四、股三、弦五"[②]法。在"灌溉图谱"中提到的工具有"水栅""水闸""筒车""水转翻车""牛转翻车""连筒""架槽""戽斗""刮车"

---

① (明)宋应星.天工开物译注[M].上海:上海古籍出版社,1993.
② (明)徐光启撰;石声汉校注.农政全书校注[M].上海:上海古籍出版社,1979.

"石笼"等并附有配图。这些精细工具的发明与制造,离不开工匠的智慧与汗水,当然也是传统工匠精神的体现。

总之,在传统社会,中国工匠们秉承着精益求精的精神,创造了属于他们的那个时代的中华骄傲。此种精神的存在,使得中国工匠们拥有推动技术持续进步的内在动力,也使得中国的手工技术在很长的一段时期内在世界上都保持了一个相当高的水平,并且最终促进了中国社会的整体进步与繁荣。尽管进入到近现代,由于西方科学技术的兴起,中国的工匠们逐步地落后于时代。但是,伴随着中国制造的不断发展,中国创造也在世界上占据一席之地。相信现当代中国工匠们会秉承古人的智慧与精神,再造中国工匠精神,为普通的中国百姓的幸福生活出力,为中国再次繁荣与发展贡献力量。

## 第三节 工匠精神发展嬗变的时代启示

进入新时代,贯彻落实我国产业从低端迈向中高端、供给侧结构性改革的战略部署,实现中国特色社会主义从富起来到强起来的历史性转变,需要多管齐下大力培育和弘扬新时代工匠精神。新时代工匠精神是中国特色社会主义从"制造大国"迈向"制造强国"的精神动力,是社会主义核心价值观中"敬业"的典型呈现。我国是个人口大国,也是传统工匠古国,还有着悠久的工匠文化历史和丰厚的工匠精神。挖掘和传承中国传统工匠精神,对新时代工匠精神的培育和弘扬,有着一定的启示与借鉴意义。

### 一、接续传统,开拓创新

环视当今,日本和德国制造业是全球的标杆,被认为是典型的具有工匠精神的制造强国。然而,在日本和德国工业化历程中都曾经历过假货泛滥的时期,后来也都通过弘扬工匠精神成为制造强国。日本和德国的工业现代化进程充分表明,发挥工匠精神是提高一个国家工业制造水平、提升产品的质量、走向制造强国的重要路径。据韩国中央银行报告,在全世界长寿企业数量排行榜上,名列第一位的是日本。传承是日本成为制造强国的特点之一,在日本"老字号"企业中,有7家具有千年的历史传承、39家有着五百年历史的"老店",3 000多家具有二百年历史,5 000多家具有百年历史。这些"老字号"都有过硬的高质量产品,都将传统工匠精神继承下来并发扬光大。由此可见,中国特色社会主义进入新时代,培育新时代工匠精神,首先需要我们传承我国传统工匠文化,弘扬传统工匠精神,要在接续传统中生发当代中国工匠精神,助力供给侧结构性改革和从制造大国走向制造强国。

## 二、尊重劳动,营造氛围

培育和弘扬工匠精神,要在全社会大力倡导尊重知识、尊重劳动、尊重创造的价值观念。各级党委政府在实施创新驱动战略过程中,要将引导、培育和弘扬工匠精神作为重要内容,要形成尊重专业技术人员和一线工人的时代风气和社会氛围。一是建立相应激励奖励机制。各级政府和企业要切实提升技术人员的薪酬待遇,让一些能工巧匠过上相对优越的物质生活。同时,政府和企业可以设计出与工匠精神相关的评优评先奖项,奖励具有工匠精神的个人、团体和企业,并在全社会进行宣传,形成良好的舆论氛围。二是开展各类生产技能竞赛。现代化经验告诉我们,推动经济技术发展可以采取竞争和竞赛。正如一枚铜币有正反两面一样,竞争在给社会带来发展活力、促使个体潜能得以发挥的同时,也蕴藏着社会分化、社会排斥的内在机制与张力。与竞争不同,竞赛倡导的是互帮互学、取长补短、你追我赶、共同进步,在各种技能比赛中,既促进了劳动者的生产能力和技艺水平的提高,又能在劳动者之间构建和营造一种合作、团结、互助、友爱的社会关系。20世纪社会主义发展过程中广泛地使用过劳动竞赛和技能大赛等形式。鉴于此,可以考虑在全国、行业、地方等不同层面开展形式各异、内容丰富的生产技能竞赛,既营造了氛围,又激励各类技术人员在工作中追求卓越,臻于完美,有利于工匠精神的培育。

## 三、立于制度,生于文化

工匠精神的培育与生成,需要多种条件、多种因素的支撑。通过对中国传统工匠精神的分析研究,可以看出,文化与制度是其中非常重要的因素。学界有论者认为,新时代工匠精神的培育与弘扬,一靠内在文化自觉,二靠外在制度约束,"今天我们真正要学的,是工匠制度,用制度养成制造业的工匠习惯,再把工匠习惯升华为工匠精神。制度—习惯—精神,这是塑造工匠精神的必经之路,也是中国制造复兴的必经之路"。具体来说,一是鼓励支撑工匠精神的"挑剔"文化。工匠精神需要树立苛求和挑剔文化。一方面,要鼓励消费者培育挑剔观念,对产品要挑三拣四,而不能随随便便、马马虎虎,从而对产品生产企业和技术人员形成需要侧压力。有研究者认为,我国传统工匠精神的形成,就与"满足王公贵族需要"是分不开的,正是他们对器物的挑剔,在一定层面上促进了传统工匠精神的生成。另一方面,要让技术人员树立挑剔理念,从产品的设计、生产和销售都要用挑剔的眼光来审视,要对自己的产品"挑肥拣瘦",要永不满足、永无止境,从而形成供给侧压力。二是践行社会主义核心价值观。工匠精神体现锐意进取的时代精神,蕴含敬业、精业和奉献的时代要求。党的十八大报告提出了社会主义核心价值观。社会主义核心价值观对公民层面提出了"敬业"的要求,两者在思想文化层面具有高度的契合,因此,践行社会主义核心价值观,有利于在全社会形成培育工匠精神的文化氛围。三是建立健全相关知识产权保护制度。创新是引领发展的第一动力,工匠精神离不开创新,离不开对创新者智力和劳动成果的保护。知识产权是创新的保护伞,只有重视并建立好的知识产权制度,才会不断激发创新的活力,培育和弘扬工匠精神。四是建立对传统技艺的挖掘保护机制。中国传统工匠文化中存在大量产品制作技巧,对于这些传统技艺,不能仅当作一种记忆和"乡愁",政府、行业协会和企业要对一些濒临失传的"老手艺"进行挖掘,对正在消失的制作技术、工艺流程进行保护、传承,并继续其臻于完美的工匠"初心"。五是建立职业认证标准化制度,国家要从顶层设计,逐步与国际接轨,建立权威的职业认证体系,严格遴选合格人员进入职业岗位。设定严格的产品行业标准,促进技术人员钻研技术,提高技艺。六是建立质量追溯和追究制度。传统工匠文化中的"物勒工名",是在物品上铭刻造物者姓名,以便于发现产品问题,便于追责,是古代工匠的监督考核制度。借鉴这一做法,可以考虑建立集监督、管理和服务三位一体的监督管理制度,从产品设计、生产制造和市场营销等环节,加强产品质量和服务品质的管控,形成尽职尽责的职业道德约束,助推工匠精神的培育。

# 第三章　高职院"双师型"教师专业素质存在的问题

在社会经济发展、产业升级呼唤高素质的高职教师的同时,我国高职院"双师型"教师专业素质的现实,使我们深切感受到建立高素质高职院"双师型"教师队伍迫在眉睫。事实上,高职院"双师型"教师专业素质目标的调整、定位是我国高职院"双师型"教师专业素质现状的现实要求。

## 第一节　高职院"双师型"教师概念的发展

**一、基于国家政策层面"双师型"教师概念的发展**

1990年12月5日《中国教育报》发表了时任上海冶金专科学校仪电系主任王义澄的文章《建设"双师型"专科教师队伍》,介绍了该校培养"双师型"教师的具体做法。这篇文章被认为是我国最早明确提出"双师型"教师概念的文章。这篇文章开启了我国职业教育"双师型"教师及其队伍建设研究的先河,并对后继进一步认识"双师型"教师的内涵以及制定相应标准产生了重要影响。

国家教育政策层面的"双师型"教师及其队伍建设始于1995年,原国家教委《关于开展建设示范性职业大学工作的通知》(教职〔1995〕15号)对于"专兼结合、结构合理、素质较高的师资队伍"提出"专业课教师和实习指导教师具有一定专业实践能力"的要求;同时,对于示范性职业大学建设结构合理的高水平师资队伍也提出"双师型"要求。从此"双师型"教师概念在我国教育政策文件中频繁出现,逐渐演变成为中国职业教育的基本问题。1997年,首次全国职业教育师资队伍建设工作座谈会将建立"双师型"师资队伍列为职业教育师资工作的重点之一。

1998年2月,国家教委颁布的《面向二十一世纪深化职业教育教学改革的原则意见》(教职〔1998〕1号)在提及"提高教师素质、发挥教师作用"的时候指出要重视"双师型"教师的培养。

1999年6月,中共中央国务院《关于深化教育改革全面推进素质教育的决定》中明确指出"建设兼有教师资格和其他专业技术职务的'双师型'教师队伍"需要引进企业的优秀技术人才与管理人才到职业学校任教。

2000年1月,《教育部关于加强高职高专教育人才培养工作的意见》(教高〔2000〕2号)再次强调"抓好'双师型'教师的培养,努力提高中、青年教师的技术应用能力和实践能力,使他们既具备扎实的基础理论知识和较高的教学水平,又具有较强的专业实践能力和丰富的实践工作经验""要有计划地组织教师参加工程设计和社会实践,鼓励从事工程和职业教育的教师取得相应的职业证书或技术等级证书,培养具有'双师资格'的新型教师"。

2000年10月,教育部高教司在《高职高专教育教学工作优秀学校评价体系》(征求意见稿)和《高职高专教育教学工作合格学校评价体系》(征求意见稿)中规定了"优秀学校的A级标准"为"双师素质"教师占全校专任教师("两课"、公共课教师及助教除外)的比例应大于或等于50%,并规定高职院教学工作合格标准为"双师素质"教师要占全校专任教师("两课"、公共课教师及助教除外)的20%以上。

从2004年开始,教育部正式启动高职高专院校人才培养水平评估工作。按照2008年4月颁布的《高职高专院校人才培养工作水平评估方案(试行)》的规定,"专业基础课和专业课中双师素质教师比例达到50%"只能达到C级标准,比例上升到70%才有机会获得A级。"双师"素质的注解为:"'双师素质'教师是指具有讲师(或以上)教师职称,又具备下列条件之一的专任教师:其一,有本专业实际工作的中级(或以上)技术职称(含行业特许的资格证书);其二,近五年中有两年以上(可累计计算)在企业第一线本专业实际工作经历,或参加教育部组织的教师专业技能培训获得合格证书,能全面指导学生专业实践实训活动;其三,近五年主持(或主要参与)两项应用技术研究,成果已被企业使用,效益良好;其四,近五年主持(或主要参与)两项校内实践教学设施建设或提升技术水平的设计安装工作,使用效果好,在省内同类院校中居先进水平。"

2006年11月,教育部在《关于全面提高高等职业教育教学质量的若干意见》中提出,"注重教师队伍的双师结构,改革人事分配和管理制度,加强专兼结合的专业教学团队建设,逐步建立'双师型'教师资格认证体系,研究制定高等职业院校教师任职标准和准入制度"。从国家教育政策文件中不难发现,"双师型"教师队伍建设逐渐成为高等职业教育实现培养目标的必然性要求,是提高职业教育教学质量之举措的重要内容。而"双师型"教师作为一个有中国特色的新概念也日益受到多方关注,在教育界引发了多方探讨和多种释义学说。

从"双师型"概念的提出历程可以看出,"双师型"概念的发展经历了从"重素质"到"重结构"再到"素质和结构并重"的过程。1995年、1998年的文件着重强调对校内专任教师"双师型"素质的培养,使得教师既具有专业理论知识,又具备专业实践能力。2002年、2004年和2005年的文件则将视角扩大到校外,强调职业院校应该聘任行业或企业的专家、高级技术人员和能工巧匠,通过对其教学能力的培训,使其成为职业院校实践技能课或专业课的兼职教师,从而改善职业院校的师资结构,增强职业院校师资队伍的"双师型"性。从2008年起，教育部的相关文件则开始既关注"双师型"素质，又关注"双师型"结构，指出职业院校要规划和建设兼具"双师型"素质与"双师型"结构的专业教学团队。由此，职业院校"双师型"教师及教师队伍的培养和建设被提上日程。

## 二、国内"双师型"教师内涵的学术观点

关于高等职业院校"双师型"概念怎样定义的问题，多方学者对我国教育政策的解读莫衷一是，其提出的观点主要分为以下几个层面：基于教学能力分类的"双师型"——既能传授理论，又能指导实践；基于资格证书分类的"双师型"——既有教师资格证，又有职业资格证；基于知识结构分类的"双师型"——既精通专业技术，又掌握师范技能。

（一）基于个体，即以单个教师为基准的"双师型"教师概念的释义

目前，以单个教师为基准的"双师型"教师概念，比较通用的学说定义有显性和隐性之分。显性学说定义主要有"双职称"论、"双资格"论和"双证书"论；隐性学说定义主要有"双能/双素质"论、"双层次"论和"双融合"论等，并在此基础上衍生出"三师型""四师型"要求，即匠师、艺师、儒师和哲师。"双师型"教师概念内涵的丰富性，反映了人们对"双师型"教师概念认识视野的多维性、广阔性。但也存在概念不清、外延过于宽泛，甚至混淆的情况。

显性形式学说的"双职称"论和"双证书"论是停留在字面意义上的片面性理解。"双证书"说和"双职称"说，虽然形式上规定"双师型"教师的外在特征，但我国现行的执业资格（技能）证书制度和职称管理体制还无法使所有具备相应素质与能力的教师都获得相关职业资格证书或职称，而且获得相关资格证书并不等于完全具备了应有的职业素质和实践能力，只表明持证人具备了从事该职业的"入门"资格。"双职称"论和"双证书"论对于"双师型"教师的概念界定显然有失恰当，但却成为后继论说的发展原点，成为"双师型"教师概念职业教育领域的萌芽，由此同

向拓展或反向驳论使"双师型"教师的内涵与标准向多元化趋势发展。

隐性形式学说的"双能/双素质"论、"双层次"论和"双融合"论是对高职院教师素质的理想化解读。"双能/双素质"论认为既具有作为教师的职业素质和能力，又是技师（或其他高级专业人员）的教师就是"双师型"教师。"双层次"论认为，所谓职业院校教师，需既能讲授专业知识，又能开展专业实践；既能引导学生完善人格价值，又能指导学生获得与个人个性相匹配的职业的一种复合型教师。其第一层次为能力之师，即经师（经典专业知识）/技师（精湛专业技术）；第二层次为素质之师，即人师（价值导向）/事师（职业指导）。"双能/双素质"论和"双层次"论均突出了教师的素质和能力，体现了其对"双师型"教师内涵的高标准诠释。但"双能/双素质"论对于"具有作为教师的职业素质和能力"界定不清，譬如高职院中的助教，作为教师，不能独立完成一门课程的全部教学任务，称其为"双师型"显然不够恰当。"双层次"论虽然将"素质和能力"分化为两个层次，但未从本质上加以区别，界定不尽确切。"双融合"论强调"双证＋双能"，意指"双证"是"双师型"教师的形式或外延，"双能"是"双师型"教师的内容或内涵，两者相辅相成，缺一不可。这一观点意欲使两者达到"双师"教师形式与内涵的有机统一，但是不具有实践层面的操作意义。

综上所述，无论是显性形式的"双职称""双资格""双证书"，还是隐性形式的"双能/双素质""双层次""双融合"，都是着眼于高等职业院校的教师个体层面的界定。由此可见，各家学说对"双师型"教师概念认识视野多维而广阔，但是概念不清。不过在概念的演变中，对实践经验与理论知识的强调始终不渝。

（二）基于群体，即以教师团队为基准的"双师型"教师概念的释义

一是基于类别分责的学校体制内的"双师型"结构说。即将"双师型"教师解释为学校专职的任课教师和学校专职的实训教师这两类专任

教师组成的教师团队所呈现的"双师型"结构。

二是基于来源分责的学校体制内"双师"结构说。即将"双师型"教师解释为来自学校的专业教师和来自企业的实训教师这两种教师队伍组成的教师团队所呈现的"双师型"结构。

### 三、"双师型"教师概念的剖析

综合前文对"双师型"教师概念提出历程的回顾及各方学者对"双师型"教师的学术观点,"双师型"教师概念从内涵上看可归纳为范围、来源、知识、能力四个方面。

#### (一)"双师型"教师的范围

"双师型"教师概念所体现的范围既包含教师个体,也包含教师队伍整体。教师个体的"双师"体现为"双师"素质,教师队伍整体的"双师型"则体现为"双师型"结构。教师个体通过学习、提高知识和能力的方法来养成和达到"双师型"素质,教师队伍整体则通过"内部培养""联合培养"和"外部引入"等途径来形成和达到"双师型"结构。只有对教师个体和教师队伍整体同时进行培养和建设,才能尽快达到教育部对职业院校,尤其是骨干高职院"双师型"教师及教师队伍的建设要求。

#### (二)"双师型"教师的来源

"双师型"教师概念所体现的来源既包含校内专任教师,也包含校外兼职教师。职业教育不同于普通高等教育,是一个开放性强于封闭性、实践性强于理论性的教育,"双师型"教师的来源必须二元化,才能保证职业教育培养出技能型人才,并使其动手能力强,顶岗就能用。因此,校外兼职教师不是职业教育"双师型"教师及教师队伍的必要补充,而是职业教育"双师型"教师及教师队伍的一个重要组成部分。因此,只对校内专任教师进行"双师型"培养和建设的理念是狭隘的,职业院校应该有个宽广的视野,对校外兼职教师也应进行"双师型"培养和建设,使其稳定化并达到职业教育的教学要求。

### (三)"双师型"教师的知识

"双师型"教师概念所体现的知识既应有理论知识,也应有实践知识。可以理论强于实践,也可以实践强于理论,但是不能只有理论而没有实践,也不能只有实践而没有理论。因此,针对只有理论知识的教师个体和教师队伍整体,须通过各种渠道增强其实践知识,而对于只有实践知识的教师个体和教师队伍整体则必须通过各种渠道增强其理论知识。只有这样,"双师型"教师个体和教师队伍整体才能更好地将理论和实践融合起来,并将理论充分指导和运用于实践,从而突出职业教育实践性强的特点。

### (四)"双师型"教师的能力

"双师型"教师概念所体现的能力既应有专业能力,也应有教学能力。只有专业能力而没有教学能力的教师个体及教师队伍整体,不能将专业知识和能力有效传授给学生;而只有教学能力而没有专业能力的教师及教师队伍,则不能传授给学生有效的专业知识和能力。这两种情况都将严重影响到职业院校"双师型"教师及教师队伍运行的实际成效。因此,在"双师型"概念的发展历程中,要求校内专任教师必须以教学能力为基础来培养和提高其专业能力;而校外兼职教师则必须对其进行教学能力的培养,促使其将专业能力转化为教学实效。

综上所述,由于"双师型"概念的内涵具有多方面的二元化,因此,职业院校在培养和建设"双师型"教师及教师队伍的时候,须同时把握这两个方面,偏重或忽略了其中一个方面,都将对其培养和建设"双师型"教师及教师队伍的成效有所影响。由于"双师型"概念的内涵具有二元化特征,因此,职业院校"双师型"教师及教师队伍的培养和建设其实也是一个动态的过程。一元中任何一种属性的变化都将影响和改变职业院校"双师型"教师及教师队伍,这也意味着职业院校可以从教师的知识、能力、范围和来源等多个角度来培养和建设其"双师型"教师及教师队伍,从而动态调整到职业院校和职业教育所应有的比例和要求上来。

## 四、"双师型"教师的内涵诠释

高职院"双师型"教师的内涵是"双"素质与能力的合一体现,是教师基本素质与职业素质的"双"要求,是专业理论能力与实践能力的"双"要求。

（一）对"双"素质的解读

1. "双师型"教师作为普通教师的基本素质

"双师型"教师首先是教师,应具备普通教师三个方面基本素质要求。

（1）"双师型"教师应具有深厚的教育科学素养和教育能力等教师的基本素质。科学的教育理论使教师运用教育规律解决教育问题,达到教书育人的良好效果；教育能力使教师在教育教学过程中能够按照人才培养目标的要求使用必要的教育与教学技巧,并改进教育思想和方法,具体包括良好运用教材的能力、语言表达能力。教育科学素养和教育能力使教师能够按照教学计划和教学大纲的要求,完成理论教学和实验教学,能够正确评价教学效果等。此外,"双师型"教师还应该掌握现代教育的理论知识,具有应用现代化教育手段进行教学的能力。

（2）"双师型"教师应具备高尚的师德素养。师德素养是教师的职业道德,是教师在教育活动中必须遵循的行为规范,是教师全部道德品质在自己职业行为的集中表现。"学为人师,行为世范。"良好的师德是学生效仿的榜样,是确立教师地位和威信的重要前提和基本条件。师德素养包括政治观点、科学的思想方法、坚定的政治信念、较高的政治理论水平、爱岗敬业、热爱学生、严谨治学、为人师表等。

（3）"双师型"教师应具备广博的文化知识与宽厚的专业理论。教师以传授科学文化知识、促进学生全面发展为己任,因此,"双师型"教师既要精通所授学科的系统知识,了解专业学科的发展动向和最新研究成果；也要有广博的文化知识和文化修养，有多方面的兴趣和能力。

2."双师型"教师作为高等职业院校教师的职业素质

"双师型"教师是职业教育发展的产物，是职业教育对教师的要求。"双师型"教师必须掌握职业教育的特殊规律，拥有职业教育的特殊技能。

(1)"双师型"教师须具备高尚的职业道德。"双师型"教师除具有一般教师的师德以外，还必须遵守职业道德。教师在行业中所表现的人际关系、职业意识、职业情感与职业行为都是学生效仿的对象，会直接影响学生进入行业后的知、情、意、行，甚至影响该行业的道德风貌。

(2)"双师型"教师须具备扎实的实践技能。高等职业教育"以服务为宗旨，以就业为导向""坚持培养面向生产、建设、管理、服务第一线需要的""实践能力强、具有良好职业道德的高技能人才"，要求专业课教师具备扎实的专业实践技能，将实践技能内化为内涵式素质。

(3)"双师型"教师须掌握本专业的人才需求情势。由于高职院的职业指导是每位教师工作的一个重要方面，职业选择是改变学生的生活和命运的慎重抉择，职业指导工作任重而道远，要求高职院的"双师型"教师必须掌握专业人才需求情况，帮助学生了解并正确选择适合的职业与岗位，激发学生的潜在才能并引导其个性充分发展。所以，"双师型"教师需要了解专业人才需求，洞悉社会所需的专业人才规格和质量，以指导学生掌握相关的知识与技能，并使专业课程紧跟社会职业与岗位要求的变化。

(4)高职院校"双师型"教师须具备一定的应用型科研能力。高职院的应用型科研主要分为两个重要方面：一是以高职教育理论与实践本身为研究对象，通过观察、实验、分析、研究，探索出具有普遍意义的教育、教学规律；二是以专业实践作为研究对象，重在技术服务与推广。此外，高职院的"双师型"教师应具备市场调研和分析能力、策划和组织能力、技术开发推广能力等。

（二）对"双"能力的解读

1. 专业理论能力

专业理论能力的基础是广博的文化和专业基础知识以及全面、系统、深厚的专业理论知识。"双师"教师必须具有扎实的专业基础理论知识和广博的知识结构，了解本学科或该领域的发展动态和最新技术成果，有较高的理论水平，以保证高水平的教学质量。"双师"教师不但要对教学大纲所要求的知识全面掌握，理解透彻，还要及时了解本专业的发展前沿动态的知识，并及时把新知识、新技术、新理念授予学生。

2. 专业实践能力

专业实践能力指较强的教学科研能力与素质、熟练的专业实践技能、组织生产经营和科技推广能力以及指导学生实践的能力和素质的集合。这要求"双师型"教师必须具备特定岗位群的技术技能，熟悉生产实践，能从事相关专业技术开发和专业技术服务工作，具有与学生获取的多种岗位资格证书或岗位技能证书相关的证书（级别要高于或等于学生所获取证书的级别），并具有较强的理论和实践的综合能力，并能及时掌握本专业群的最新操作技能。专业实践能力是"双师型"教师最重要的核心能力。首先，专业实践能力要求"双师型"教师在理论知识、追踪专业前沿性问题和专业发展趋势方面具有高度敏感性。其次，专业实践能力要求"双师型"教师具有实际操作能力，尤其在专业领域内从事试验、生产、技术开发和科研等工作的专业操作技能。此外，专业实践能力要求"双师型"教师具有一定的专业操作指导能力，具有较强的亲自动手示范能力、针对实践中的疑难问题的现场指导能力。综上所述，高职院"双师型"教师可以界定为具备教师的基本素质和资格，即专业课教师既要有全面的专业理论知识，又要具备较强的岗位实践能力，逐步向"教师—工程师""教师—技师（高级工）""教师—会计师"等二元复合方向发展。

高职院的"双师型"教师,指专业教师中既具有"讲师"(或以上)素质和能力,又具有本专业或相近专业实际工作的"工程师"(或经济师、会计师、主管护师等同层次及以上)素质和能力的教师,即"讲师"与"工程师"的素质与能力合于一体的教师。"双师型"的各项标准都在要求高职院"双师"教师要走向社会、了解企业生产经营情况,尽量做到理论联系实际,加强教学的针对性,不能只限于具有较高的技能教学水平,要有比较全面的专业基础理论,不仅"知其然",而且"知其所以然"。

## 第二节 高职院"双师型"教师专业技能的内涵界定

### 一、专业技能的内涵

要弄清楚什么是专业技能,必须先厘清什么是技能。关于技能的界定,归纳起来大致有如下四种说法:一是"水平说",即"运用知识和经过练习达到会操作的水平"。二是"系统说",这种观点将"技能"定义为"个体运用已有的知识经验,通过练习而形成的智力动作方式和肢体动作方式的复杂系统"。三是"方式说",认为"技能"是"通过练习获得的,运用知识来完成的活动方式"。四是"体系说",即"在一定的目标指导下,根据所拥有的知识和经验通过反复练习而获得的规则性的动作体系,是由外显的肢体操作的动作体系和内隐的认知活动的体系构成的整体,二者相互独立、相互促进、相互转化"。通过对上述定义的分析,可以看到,尽管目前对"技能"的定义尚未统一,但基本都是从以下几个方面来理解的:首先,技能表现为一种活动方式,这种方式可以是外显的、展开的、动作的操作技能,也可以是内隐的、简约的、心智的认知技能;其次,技能的获得都是在已有知识和经验的基础上经过反复练习而形成的;第三,技能活动是在一定的目的指引下一系列的动作组合,是一个有目的的动作系统。鉴于此,有学者认为"专业技能"是指与完成某个专业活动有关的肢体的和认知的动作体系、实践知识和经验的总和。

## 二、高职院"双师型"教师专业技能的内涵

"高职院'双师'教师职业核心能力模型"给出了高职院"双师型"教师应该具备的核心能力,包括性格特质、团队意识、教学能力、职业素养、专业能力五个维度。

高职教育经历了多年的发展,从最初的模仿传统大学重理论轻实践的培养模式,到探索出一条自身发展的特色之路,技术技能素质便成了"双师型"教师区别于普通教师的根本标志。技术技能人才培养者的素质直接决定了技术技能人才培养的质量。因此,我们着重探讨"高职院'双师'教师职业核心能力模型"中专业能力维度的"专业技能"这一要素。

高职教育既不同于普通高等教育,也不同于普通中等职业教育,它培养的是生产、建设、管理和服务第一线的技术技能人才。为实现这个目标,作为专业人才培养主力军的"双师型"教师不仅要有较高的理论水平,而且要有较强的专业技能,要既能从事理论教学,又能从事实践教学,以使学生在获得必备理论知识的基础上,掌握从事本专业领域实际工作的基本技能。"要为人师,必先强己","双师型"教师必须认真分析职业岗位设置和岗位技能要求,加强实践、实训环节的教学,让实践教学贯穿于教学过程的始终,使学生在学习中实践,在实践中学习,及时强化专业理论知识和专业技能,做到理论与实践紧密结合。提高高职院"双师型"教师专业技能水平是实现高职培养目标的要求,是高职院现实的需要,是高职院发展的必然。因此,必须先厘清高职院"双师型"教师专业技能的内涵。

### (一)实践知识

高职院"双师型"教师应该具备理论和实践并重的知识结构,具体包

括认知性知识和实践性知识。认知性知识通常可以通过阅读文献和聆听讲座等理论学习的过程获得,这类知识包括专业知识、教学知识、课程知识、教育学、心理学、职业教育知识和相关的原理性知识。其中,专业知识对应于"模型"专业能力维度中的"专业知识"要素,其他相关的原理性知识可以对应到"模型"的教学能力维度中。高职院"双师型"教师的实践性知识范畴主要包括在教育教学实践以及行业企业实践中实际使用的关于如何教学、如何操作、如何生产的知识。它包括教师职业实践知识和行业实践知识。实践性知识具有情境性、默会性、个体性等特点。所谓情境性,主要是指"双师型"教师的实践性知识在职业教育实践中的对具体问题的解决过程中体现出来的,针对特定情境下的解决特殊问题的知识。所谓默会性,是指"双师型"教师的实践性知识在很大程度上是难以用语言表达出来的,很多时候出于内隐状态,只有拥有者自身才能有所体会,是一种教师个体在长期的教育教学实践中的摸索和领悟的知识。所谓个体性,是指"双师型"教师实践性知识并非像认识性知识那样具有普遍性,而是针对不同的情境和不同的个体具有非普遍性,是一种个体的知识。

1. 教师职业实践知识

教师职业实践知识是指作为教师这个职业在专业实践性教学活动以及专业发展相关活动中所需的实践性知识,主要涉及专业实践性教学活动中的实训、实验。实习方面的知识以及专业课程设置、专业教学设计与实施、专业发展计划等专业建设方面的实践性知识,能够根据行业发展和职业特点,制定专业课程标准、授课计划、专业发展计划等。

2. 行业实践知识

行业实践知识是一类关于某一特定行业的实践活动中如何操作的实践性知识,主要表现为工艺过程和生产流程的知识,实际上是在真实的工作场景中如何操作、如何制造、如何加工的知识。以机械制造与自动化专业教师为例,教师需要熟悉机械加工制造方面的生产过程,拥有如何进行机械制造和加工的实践性知识。此外,教师还需要及时掌握行业企业信息,了解技术发展变化的趋势。在教学中融入相关行业企业岗位设置、岗位技能要求,在教学中介绍行业新技术、新方法、新工艺。

（二）实践能力

高职院担负着培养高素质技能型人才的重任,因而高职院"双师型"教师除了应具备扎实的专业理论功底外,还必须具备较强的实践能力,包括实验、实习、实训等专业实践过程中的操作技能以及运用所学的专业知识解决企业实际问题,参与企业的技术攻关和工程开发。高职院"双师型"教师只有结合自己的专业特点和行业企业的实际情况,通过到企业顶岗锻炼、参与企业技术攻关活动、承担或参与相关工程项目、参与应用研究开发、参加企业的生产和管理活动,才能获得生产过程知识、积累实践经验、提高实践能力。

1. 教师职业实践能力

教师职业实践能力包括专业实践教学所需基础技能和专业方向核心技能,能够承担相关专业技能教学培训任务,主持专业建设工作。基础技能由若干共通的、基本的专业功能模块和专业技能模块构成,对特定专业群或行业而言,往往存在着一定数量的通用技能,它们是一组特征和属性相同或者相近的专业群中体现出来的共性的技能。专业方向核心技能是针对特定专业方向,由若干关键的专业功能模块和专业技能模块构成。以机械制造专业群为例,基础技能包括基本钳工、零件工程图绘制、普通车削加工、普通铣削加工,专业方向核心技能则需根据具体的专业方向而定,模具专业方向核心技能包括冲裁模具工作零件设计、塑件造型及注塑模具工作零件设计等,数控专业方向核心技能包括数控车削加工、数控铣削加工、特种加工(电火花线切割加工)等。

## 2. 行业实践能力

高职院的人才培养必须满足特定技术领域和行业企业的实际要求，这就要求高职院"双师型"教师通过到企业顶岗锻炼，培养自身完成企业生产、服务和管理线的典型工作任务的能力，以保证能参与到行业企业的技术管理、技术攻关和工程开发工作中，指导其流程再造，提高企业工作效益。

### （三）实践素养

职业素养是人类在社会活动中需要遵守的行为规范。个体行为的总和构成了自身的职业素养，职业素养是内涵，个体行为是外在表象。职业素养包括职业道德、职业思想（意识）、职业行为习惯和职业技能，前三项是职业素养中最根本的部分，而职业技能是支撑职业人生的表象内容。实践素养则是在专业实践活动中需要遵守的行为规范，根据职业素养的范畴，我们定义了实践素养主要包括现场管理素养、安全素养、质量素养、保密素养和成本意识。

## 1. 现场管理素养

企业为提高效率，保证质量，使工作环境整洁有序，保证安全，制定了现场管理的标准及要求。企业现场管理要求主要包括：现场物品分类分级（使用频率）定置摆放情况、现场功能区域线划分情况、设备标识、设备运行状态标识、开关标识、安全警示警告标识、工具标识、产品或实训作品标识、现场环境和工作台或工作面清洁清扫制度、检查制度和执行记录等。

## 2. 安全素养

安全素养，就是人们头脑中建立起来的生产必须安全的观念以及所形成的行为习惯，也就是人们在生产活动中各种各样有可能对自己或他人造成伤害的外在环境条件的一种戒备和警觉的心理状态。树立安全意识，必须严格遵守安全操作规程，能够及时发现生产过程中的安全隐患并采取必要的防护措施,具备应急状态下的事故处理能力,做好风险防控。

3. 质量素养

质量是企业的生命线。它包括两层含义:产品的质量,即产品合格与否;生产产品过程的质量,即生产过程是不是合理,是不是与企业设定的管理基准一致。质量素养则是企业领导及员工对产品质量和生产产品过程质量的认识和理解的程度。只有不断强化质量意识,才能保证企业生存、发展的根本。

4. 保密素养

每个企业都有一些不为公众所知晓、能为企业带来经济效益、具有实用性且采取了保密措施的技术性信息和经营信息。在生产活动中,不可避免地会接触到这些诸如原材料、产品配方、工序、制作工艺等采取了保密措施的技术性信息,因此,要求我们必须做到主动学习和遵守保密法规制度,具有基本的保密常识,能主动采取有效的保密措施,分析、发现保密风险,做好保密工作。

5. 成本意识

成本意识是指节约成本与控制成本的观念。注意控制成本,努力使成本降低到最低水平并设法使其保持在最低水平。可以通过合理规划耗材使用额度、降低操作失误率和设备故障率等有效途径来实现。

## 第三节 高职院"双师型"教师专业素质存在的问题

根据调查统计结果及访谈情况,高职院"双师型"教师专业素质存在如下问题:师德弱化,高职教育理念不先进,专业知识结构不合理,专业能力不强,专业服务质量不高。

### 一、高职院"双师型"教师师德弱化

师德是一种职业道德,是指教师在从事教育教学工作中逐步形成的道德观念、道德情操、道德行为和道德意志,是教师从事教育工作时所遵循的行为规范和必备的品质,它体现着社会和人民对教师的希望和要求。所以,我们认为教师的道德素质并不是指规范、准则本身,而是教师把这些规范、准则逐步内化,成为教师从事教育事业的准则。教师从事的是教育人、塑造人的事业,因此,教师道德素质比教师文化素质更为重要。教师的师德修养的重要性,主要是由其育人功能的特殊性、教育对象的特殊性和教师职业特殊性这三个方面来决定的。

一是育人功能的特殊性。十年树木,百年树人,教育为重,德育为先,这是师德建设重要性的深刻体现。教师的工作性质决定了教师的职责。教育的育人功能决定了教师应是一个"学为人师,德为世范"的群体;是一群追求知识,献身教育的模范;是一批认真做人、做事、做学问的楷模。因此,教师对国家、对民族、对未来有着巨大的责任,肩负着神圣的历史任务,同时也决定了建设一支高素质的教师队伍,德育建设应该放在首位。

二是教育对象的特殊性。我们面对的教育主体是学生,而学生是人,是具有独立思想和自我意识的人,这一特点决定了教学工作与其他任何工作的本质区别。教师必须时刻清醒地意识到,自己所"生产"和"加工"的对象不是机器零件,而是有头脑的人,而且是人民、祖国和社会的未来建设者,教师就必须明白自己在这个过程中所担负的责任,这责任是民族未来兴旺发达的责任,这责任之重或重于泰山。而以人为出发点,以人为归宿点,以人贯穿于各方面及其始终是教师教会学生成为一个有正确价值取向,有正确人生观,有人文素养、道德情操和积极健康向上的心理,有完善的人格的基础。而要做到此,教师首先要是一个积极健康的人,能够起到表率作用,以身作则对学生产生影响。这就要求他

拥有博大的学识和高深的修行来引导学生、感染学生。有人说：家长是孩子的第一个老师，在孩子身上总能找到家长的影子。我说：老师是孩子精神世界中的第一个火把，星星之火可以燎原。教师的学识、人品不仅是自己的准则，同时也是学生学习的榜样，可以说以人格来培养人品，以灵魂来塑造灵魂。

三是教师职业的特殊性。教师是崇高的职业，是令人羡慕的职业，同时也是辛苦的职业，枯燥清贫的职业。在当今商品经济和功利主义的影响下，教师行业无暴利、无势力，容易被诱惑，不安心，甚至不安分。爱岗敬业就要求教师应该首先热爱教师工作，安心做好教师工作，淡泊名利，尽职尽责；认真备课，用自己严谨治学的作风感染学生；刻苦钻研，探索真理，用自己丰富的学识教育学生；诚实做人做事，用自己的人品感动学生；循循善诱地教诲，用自己的真情启迪学生。作为教师还要有较丰厚的知识储备，要有较强的传授知识的能力和较高的综合素质，正如德高望重的教师，不仅是学识渊博的教师，同时也是人品高尚的教师。

具备良好职业道德的高职"双师型"教师，能科学地认识自己所从事事业的社会意义和作用，正确评价自己的劳动。当看到自己培养的一批批学生成为社会经济建设中的有用人才时，便也看到了自己劳动的价值，并从中获得自豪感、幸福感。而这种情感又会自然而然地升华为崇高的使命感和责任感，从而更加兢兢业业，任劳任怨。这种崇高的思想境界，主要来源于对自己劳动的正确认识和评价，来源于优良的道德素质。调查结果显示，高职院教师专业道德存在弱化趋势。如对"您热爱高等职业教育事业吗"问题的回答，持模糊判断的为 41.75%，还有 15.38% 的被调查者选择了"不热爱高等职业教育事业"，从另一个侧面反映出一些高职院新教师并没有从心底里认可自己目前的职业，其职业规划没有明确的指向，这样的结果肯定会影响到其专业化发展。再如对"您热爱高职院学生吗"问题的回答，持不确定判断的为 23.62%，还有

2.19%的被调查者选择了否定判断。高职教师的所有劳动成果都体现在学生身上。学生的成才,使他们看到作为高职教师的价值。更由于对学生的爱,使他们赢得了社会的尊敬、学生的爱戴,从而得到深刻的感情体验,进而激励自身更自觉地献身职业教育事业。爱,是教育的灵魂;对事业的爱,对学生的爱,是高职教师博大的胸怀,无私的奉献。

## 二、高职院"双师型"教师教育理念不先进

理念是行动的指导。理念,就是理性信念。教育理念是教师教育人生的精神支柱。一个人如果有了正确的教育理念,就会有坚定的教育信念,无论碰到什么困难和挫折都会有强烈的责任感和坚忍不拔的毅力。为适应经济全球化及网络信息等先进科学技术发展变化对高等职业教育的挑战,需要不断提高高等职业教育及教学质量,而提高职业院校"双师型"教师的专业素质则是普适性策略。浏览高职院校的招聘信息,许多的职业院校,尤其是经济发达地区的职业院校,对于新招聘的教师学历要求已达非博士学位不可。但是博士学位人才绝大部分是在非师范性的重点大学培养出来的,尤其是理工科专业的博士,他们缺乏对高等职业教育的认知,缺乏对高职学生的深刻理解,缺乏对"人人皆可成才"的坚定信念,导致教学质量不高,进而引发专业师资队伍不稳定,影响"双师型"教师专业素质的提升。

高职院的"双师型"教师,应关注综合能力的培养。因为高职"双师型"教师既要培养高职学生职业性知识(如职业道德、职业技能和职业知识)在职业实践活动中运用的能力,又要能够运用职业教育学、职业教育教学法实施职业教育教学。就是说,要根据相关职业对劳动者在职业道德、职业技能和职业知识方面的要求,将其转化为教育内容和教学过程,使受教育者获得在职业工作岗位的就业本领及在职业生涯终身发展的本领。无疑,具备将专业理论解构与重构为行动导向的课程,从职业实践的需求出发传授与该专业相关的职业技能,进行职教理论迁移与处置

为行动导向的教学,从职教实践的特质出发掌握与该专业相关的教育技能,就使得高职教育教师的任职资格及能力结构必须从单一走向综合。

对"在教学过程中您是否兼顾了理论知识传授和操作技能培养两个部分"问题的作答,持肯定判断的"双师型"教师仅有总人数的二分之一,持模糊判断的就占到36.26%。对"在教育教学过程中您注重与团队合作、与同事积极开展协作与交流吗"问题的作答,持肯定判断的仅有总人数的54.40%,持否定判断的竟然占24.73%。"学会认知"是当代人的基本素质之一。高职院青年教师则首先应该学会认知自身从事的职业领域——高等职业教育,转识成智,他们才能在以后的教育教学生涯中奠定良好的基础。

它与生俱来的特点表现在其培养目标、教育对象、教学内容、课程体系、师资队伍等方面。在培养目标上,高职院培养的是职业性、应用性、技术性的人才;在教育对象方面,高职院的学生喜欢动手操作,实践能力强;教学内容上,高职教育以岗位技术需要、应用能力为基础;在课程体系上,高职教育是针对岗位设计的模块化课程;师资队伍上,高职院需要相当比例的具有"双师型"素质的教师。

### 三、高职院"双师型"教师专业知识结构不合理

前苏联闻名于世的教育家苏霍姆林斯基曾经这样论述教师专业素质:"教师应当具备这些素质:宽阔的眼界、渊博的学识、对科学问题的兴趣,以便在受教育者面前揭示理论、知识、科学和学习过程的魅力。在学生眼中,教师是一个聪明的、积极向上的、学识丰富的、乐观的、善于思考的、迷恋知识的人。他不仅是一个教书者,而且是一个教育者,他的知识面愈渊博,他的眼界和全面科学素质愈广阔。"如上所述,高职教师专业知识结构包括专业知识、职业教育知识、实践知识。21世纪的社会是一个知识型的社会,是知识富度化、综合化的社会。对教师而言,学术知识要高度化,教育学知识要高度化,实践研究的能力要高度化。根据我们

的调查结果,被调查者中硕士研究生教师比例为71.43%,博士研究生教师比例为7.69%,二者的比例高达79.12%。与对"您精通任教专业知识吗"问题的作答中,肯定判断的比例72.86%基本吻合。就是说,随着我国高校研究生扩招,培养的人才可以充实高职院师资队伍,使得他们在教学过程中能将专业知识运用得游刃有余。教师应掌握系统的、扎实的专业知识。青年教师更要加强专业基础知识和实践知识的学习。高职院"双师型"教师应该从思想观念上深刻认识到,高等职业教育是"有别于普通高等教育的一种独立的类型教育",要深刻认识和研究高等职业教育跨界的规律与本质及其研究对象;要深刻认识高等职业教育学关注的是"高等职业教育的昨天(历史沿革)""今天(现实状况)"和"明天(未来发展趋势)";深刻认识"高等职业教育学知识"与"普通高等教育学知识"间的区别与联系。要使高职院"双师型"教师的职业教育学知识水平和教学能力提高,必须强化"职业教育理论"的学习,特别是职业教育专业教学理论的学习。通过学习职业教育学、职业教育心理学和职业教学论等相关理论知识,增强职业教育教师对职业教育的认知,提高(高等)职业教育教师教育理论的水平,强化教师对职业教育规律和特征的认识,尤其是对(高等)职业教育的对象、专业、课程与教学过程的规律和特征的认识,掌握(高等)职业教育的"专业教学论"及"教学法"。目前,在我国的(高等)职业教育师资培养与培训过程中,职业教育学、职业教育心理学等相关知识内容的缺失和不足,是普遍存在的现象,突出反映了职业教育理论的研究较为薄弱,特别是缺乏与职业相关的职业教育师资培养和培训课程。根据我们的调查,对于"您精通职业教育学知识吗"问题的作答,只有43.41%的教师持肯定态度,还有41.21%的被调查教师持模糊态度。教师的实践性知识是特定教师在特定的语境中、用特定的教材、以特定的学生为对象而形成的知识,是依存于特殊情境的,它与研究者具备的理论知识相比,缺乏体系性、严密性和普遍性。简而言之,它是一种情景、语境下的知识,是非常综合的、默会的。教师的实践性知识可分类为意识到的知识和没有意识到的知识。对"您精通高职教师的实践知识吗"问题的作答中,61.26%的"双师型"教师选择"精通高职教师的实践知识",21.16%的"双师型"教师选择"不清楚是否精通高职教师的实践知识",17.58%的"双师型"教师选择否定判断。从事教学工作所必备的"实践知识",需要新教师在资深教师指导、协助下,通过自身的"教学实践"和"自我反思"来获得。总体说来,教师获得专业知识和智慧大致有三种途径:"正规的学校教育""上岗前培训"和"教学中的'做中学'"。正规的学校教育提供有效的教学模式,但需要教师个人的内化与实践中的合理运用;上岗前培训目前是简单的、不深入的,也较缺乏研究;"做中学"主要是教师个人面对各种教学情境,从探索、试验中学习教学。

### 四、高职院"双师型"教师专业能力不强

职业院校的功能凸显了其是教育活动与社会活动、职前教育与职后教育、社会需求与个性需求等诸方面的融合。这也彰显了"双师型"教师的独特功能与作用:"双师型"教师必须具备突出的专业特长并具备突出的实践技能。高职院"双师型"教师的专业能力是"教师个体在教学、科研、指导学生等工作中解决实际的专业问题所显现的综合性能力";它并非来自书本传授,而是来源于"生活经验、工作体悟、企业实践活动及工作反思";它无法用试卷考试成绩衡量,只能通过专业实践活动表现来评价。它是个体的事业成功、生活顺利、获得成就感的重要影响因素。一般来说教师的专业能力包含专业实践能力、教学实践能力两个方面。专业实践能力是教师以专业知识为平台和载体,在实训、实验、实习等实践教学环境中体现出来的动手能力、指导能力,促进实践教学目标的达成;教学实践能力是指教师基于自身的专业实践能力,培养学生实践操作技能的能力。高职院"双师型"教师的专业实践能力和教学实践能力紧密

相连,相辅相成,相得益彰。没有专业实践能力,就无所谓教学实践能力,同时,仅有专业实践能力,教学实践能力不高,不知道如何将自己的十八般武艺传授给学生,也难成为优秀的高职教师。对于高职院的"双师型"教师来说,要能够将培养学生职业素养的理念贯穿于教学活动的始终,这也是专业实践能力和教学实践能力的有机统一。

目前我们国家的许多地区招聘教师都是采用"逢进必考"人事制度。我国的一些法律法规对职业学校教师"准入资格"仅仅提出学历和一般教育教学能力要求,没有对"专业实践能力"提出要求,现实中对职业院校新进教师考核的是"一般教育理论知识和基本素质",缺乏对"专业知识和技能"的测试,导致职业院校教师专业实践能力不高。根据我们的调查,对于"您具有专业实践能力吗"问题的作答,76.65%的"双师型"教师做了肯定回答,15.93%的"双师型"教师做了否定回答,7.42%的"双师型"教师做了模糊回答。一个方面的原因是高职学院教师的职业资格证书多是通过"自学"和"考前突击"获得的,缺乏真正的实战经历和经验,缺乏熟练的动手能力。对于专业职业技能培养的需要,根据刘建湘等学者的问卷调查,高职学院"双师型"教师反映最为迫切,占被调查者的56%。因此,高职学院要注重培养"双师型"教师的专业职业技能。以电商专业为例,高职院的电商专业注重培养学生较强的电子商务操作能力,具体来说包括以下实践能力:具有较强的中文功底和文字处理能力;具有较强的选题、策划、信息采集和处理能力、归纳分析能力;运用电子商务和网络营销技术和工具为企业服务的能力;运用各种宣传媒介进行网络推广的能力;团队合作能力;与人沟通和谈判的能力;独立处理和解决问题的能力;运用外语和专业知识进行外贸交易的能力。而目前的实际情况是,高职院人才培养普遍存在动手能力弱、实践能力缺乏的瓶颈问题。另一方面,现代科学技术的普及、网络信息技术的广泛应用,使"生产、服务、管理"等一线应用型工作岗位的"科技含量"及"智能成分"

不断提高,许多专业理论同实际应用技术愈来愈紧密地结合在一起,成为理论技术,参与职业过程本身;同时许多工种的操作过程本身就是复杂的脑力劳动,如智能家电设计、数控机床的操作、机器人制作等。切实加强"双师型"教师实践环节的培养,使其能在由科学技术到现实生产力的转化中作出应有的贡献。

**五、高职院"双师型"教师专业服务质量不高**

近年来,我国高等职业教育"面向经济社会发展",立足于培养高技能人才,高职教育的"规模不断扩大、教育质量明显提高",高职教育已经占据了高等教育的"半壁江山"。到2019年底,高职高专院校的数量已经达到1 421所,占全国高校数量的52%;高职在校生已达760万,占全国高等学校在校生总量的32%。2007年度《国家示范性高等职业院校建设推荐院校预审标准(试行)》文件中明确提出,高职院要为社会服务,积极开展各种类型的"教育培训服务"和"技术服务"。"教育培训服务"即"开展职业教育与培训",这是为促进经济发展、个人生涯发展培养人才的活动,也是"高职院作为公益性教育机构"最重要的作用;"技术服务",是为企业的技术革新、创新以及为和谐社会的发展做贡献。因此,国家对于职业院校办学目标的定位是以就业为导向、以服务为宗旨。面向社会,服务经济与文化的建设,要求高职"双师型"教师走出校门,进行广泛的社会调查,与社会建立多方面、多类型的关系。不仅要研究高等职业教育规律,而且要探讨经济问题,特别是当地经济的结构、特点、现状、发展趋势以及对人才数量、质量、规格的需求问题。这样,才能把握服务方向,根据培养目标适当确定办学形式、教学形式,调整教学内容,培养出适应经济建设需要的建设者和合格人才。

# 第四章 高职院"双师型"教师专业素质存在问题的探析

高职院被形象地誉为高技能、高素质人才的"摇篮"和知识创新与发明的"发动机",这二者对国民经济与社会的发展都具有决定性的意义,是高职教育发展的新常态。高等职业院校的"双重"功能决定着高职院"双师型"教师独专一门已经不行了,必须具备"双师型"的专业素质,即高尚的职业道德、先进的教育理念、丰富的专业知识、娴熟的专业能力、高质量的专业服务。根据第二章的实证研究结果,高职院"双师型"教师专业素质存在专业道德弱化、教育理念不先进、专业知识结构不合理、专业能力不强以及高职院专业服务质量不高等问题。造成高职院"双师型"教师专业素质低下的原因既包括外部原因(国家层面的,制度层面的),也包括高职院的原因及教师个人的原因。

## 第一节 影响教师专业素质发展的因素

### 一、教育思想

教师的教育思想是教师自己选择的用以指导教育教学实践的教育观念或教育理念。每一位教师都有自己的教育思想体系,可以在自己的教学实践经验积累中形成,也可以是从外界接受后结合实践内化的,或者是直接从外界接受的。其中,有的是自己的教学观念,有的是升华为自己的教学理念,这两者之间存在的基础虽然有差异,但是,关系是很密切的,可以看作教师专业思想的两个层面。由经验式、无意识的教育信念向以知识、理论为基础的教育信念不断演变,以至于有意识地构建理想化的教育信念,并使之随时代的发展而更新,这是教师逐步走向专业化的标志。针对这一点,西方学者强调以知识为基础的教育思想,国内则较多地强调以理性、理想为基础的教育思想。

就西方而言,关于教师教育思想的研究,是由教师素质、教师行为研究向教师认知研究转变的过程。最初,研究的重点主要在教师教学决策方面,人们把教学决策看作是连接教师思维与行动的纽带。后来发现,决策的概念过于狭窄,不能反映教师的内心世界。多数情况下,教师认知活动中的思维,并没有达到决策过程要求的程度。于是,研究范围拓展到教师知觉、归因、判断、反思和评价等方面。随后,教师认知研究重点则集中在教师实践背后的实践与思想上。正是因为教师思想是教师认知系统的一部分,所以,教师思想往往与教师认知概念交织在一起。较早对教师思想进行研究并颇具影响的格罗斯曼、威尔逊和舒尔曼等人,也特别强调教师思想与教师学科知识之间的关系。由此可见,西方多强调教师思想的知识基础。国内谈及教师思想时多用教育理念,并认为教育理念是指教师在对教育工作本质理解基础上形成的关于教育的观念和理性信念。

从宏观来说,教师的教育思想包括教育观、学生观、教育活动观;从微观来讲,主要有关于学习者和学习的信念、关于教学的信念、关于学科的信念、关于学会教学的信念、关于自我和教学作用的信念等。教师的教育思想,不仅影响其教学教育行为,而且影响自己的学习和成长。在教师试图学习接受新的教育观念的时候,这些已有的信念可能成为过滤新观念的筛子,并对新观念的学习产生不利影响。

教师的教育思想,反映的是教师对教育、学生以及学习等的基本看法,形成之后,在一段时间内是相对稳定的。教育思想在教师专业结构中的层次较高,统领着教师专业结构的其他方面。因此,教师教育思想体系的改变,是一种较深层次的专业发展。

## 二、专业知识

许多学者曾就一门专业的特征提出过不同的观点,大致可以分为三个方面:一是专业理论知识;二是独特的社会服务;三是高度专业自主权。所以,作为专业人员,获得专业理论知识,是专业成长的一个重要因素。这一点,对于教师的专业成长,是非常必要的。格里芬在《初任教师知识基础》一书中,以"知识推动学校"为题,突出强调了教师的专业知识在教师专业生活中的重要地位。

教师知识,是国外教师研究中开始较早的领域之一。但迄今为止,专业教师应该从哪些方面去构建知识结构,尚没有一致认识。毫无疑问,教学过程中,教师要用到多种知识,然而对教师知识结构研究的人却很少。究其原因,一方面与教师知识研究的历史因素有关。尽管长期以来教师知识就是教师发展的研究课题,但是,较为系统地研究却是近20多年来的事情,尤其是20世纪80年代初以后,有关教师知识的研究才迅速增加。另一方面,这也显示出教师专业知识本身的复杂性。在对教师知识的研究中,由于研究者对教师知识性质的理解和研究侧重点的不同,出现了许多类知识,甚至教师知识有哪些类别、各类别之间有哪些联系以及如何分类也已经成为研究领域。这就导致了教师专业知识体系难以得到共同认定问题的出现。

早期的教师知识研究,多是在"过程—结果"研究范式下展开的,这类研究只注重寻求与学生成绩或如何提高学生成绩有关的教师知识,而不关注教师知识的专业要素。舒尔曼提醒人们:以往的研究忽视了教师知识,教师学科知识成了"遗漏的范式"。他提出了一个包括学科知识、学科教学法知识和课程知识在内的分析教师专业知识的框架。后来,他又和同事将这一框架拓展,把一般教学法知识、学习者的知识、情境的知识和其他课程的知识等也包括在内。舒尔曼的概念框架及其与同事的一系列研究,在教师专业知识领域具有很大影响。他们在斯坦福大学关于教师专业知识研究的重点,是学科知识在新任教师教学计划和教学过程中的作用。他们发现,教师的学科知识既影响教师教学的内容、教学过程,也影响教师对教学法的选择。显然,在以舒尔曼为首提出的教师专业知识的结构中,特别强调了学科知识这一要素。

有的研究者试图在专家教师与新手教师的比较中,发现专家教师所具有的知识特征和结构。在这一方面,伯利纳、莱因哈特、格里诺等人的研究具有代表性。伯利纳提出,专家教师的知识结构可归为关于所任学科内容的学科知识、将学科知识转化为恰当的教学活动所需的学科教学法知识和关于教师管理、组织的一般教学法知识三方面。

还有的研究者,依据某种特定的认识,研究了教师知识的某一特殊因素。如考尔德黑德和米勒认为,对专业教师来说,最主要的是那些教学过程中实际起作用的知识形态。而这种知识的形成,需要有一个由一般学科知识向适宜于教学的学科知识转化的过程,教师会把先前已有的学科知识与现有的课堂现实的知识结合在一起,形成一种"与行动相关的知识"。埃尔巴兹、康奈利、克兰迪宁和古德森等,从对教师专业知识的情境性、实践性和个人化性质的理解出发,探讨了教师知识的一个方面——教师个人实践知识。在这一领域,尽管他们对教师"个人实践知识"的理解并不完全相同,但这些研究对教师知识的理解与前面的研究有着明显区别。一是知识不仅仅是前人总结出来的、普遍使用的原理或规律,或者是书本知识,而是富有"个人特征";它不仅是教师从别人那里接受的过程,更是对教师个人的发展、积累过程,在很大程度上,反映着教师过去的经验、现在的行为以及将来可能的表现。二是知识不只属于客观的东西,而且富有价值、情感、审美等特征。正是"个人实践知识"的这些特征进一步丰富深化了对教师专业知识的理解,是对传统意义上教师专业知识结构的重要补充。教师不仅要吸收他人归纳的知识,而且要拥有"实践知识"和"实践智慧"。

对于教师专业知识的分类,最具代表性和影响力的有以下几种。

1. 舒尔曼认为,教师专业知识包括教材内容知识、学科教学法知识、课程知识、一般教学法知识、有关学习者的知识、情境的知识、其他课程的知识。

2. 伯利纳认为,教师专业知识包括学科内容知识、学科教学法知识、一般教学法知识。

3. 格罗斯曼认为,教师专业知识包括学科内容知识、学习者和学习的知识、一般教学法知识、课程知识、情境的知识、自我的知识。

4. 博科和帕特南认为,教师专业知识包括一般教学法知识、教材内容知识、学科教学法知识。

5. 考尔德黑德认为,教师专业知识包括学科知识、机智性知识、个人实践知识、个案知识、理论性知识、隐喻和映像知识。

从这几种教师专业知识分类中,我们可以看到教师知识类别的多样化和分类体系的多样化。由此,可以体会到教师专业知识结构的复杂性。我们认为,作为一名专业教师,首先应该具备有相当水平的普通文化知识,这是教师维持正常教学和不断自我学习的基本前提。此外,教师不仅要有所教学科的专业知识,有教学法知识,而且要实现两者的融合并体现出个人特征。仅仅依靠某些脱离具体教学内容、学生和课堂情境的教学"技能"训练是难以奏效的,只有设法帮助教师在教学实践过程中,不断完善自己的知识体系,才能更好地促进教师的专业成长。

## 三、专业能力

与专业知识一样,专业能力也是教师专业发展的重要因素。教师能力特别是专业能力,对教师专业工作有着重要意义。对于教师专业能力的结构分析,影响比较大的有以下几种。

1. 邵瑞珍认为,教师的专业能力包括思维条理性和逻辑性能力、口头表达能力、组织教学能力。

2. 曾庆捷认为,教师的专业能力包括信息的组织与转化能力、信息的传递能力(语言表达能力、非语言表达能力)、运用多种教学手段的能力、接受信息的能力。

3. 陈顺理认为,教师的专业能力包括对学生的调节、控制和改造的能力(了解学生的能力、因材施教的能力、启发引导的能力、教会学生学习的能力、组织管理学生的能力),对教学影响的调节、控制和改造的能力(对教学内容的加工处理能力、对教学方法手段的选择运用能力、对教学组织形式合理利用的能力、语言表达能力、检查教学效果的能力),教师自我调控能力(较强的自学能力、较强的自我修养能力、敏感的接受反馈信息的能力)。

4. 孟育群认为,教师的专业能力包括认识能力(思维的逻辑性、思维的创造性)、设计能力、传播能力(语言表达能力、非语言表达能力、运用现代教学技术的能力)、组织能力、交往能力。

5. 罗树华、李洪珍认为,教师的专业能力包括基础能力(智慧能力、表达能力、审美能力)、职业能力(教育能力、班级管理能力、教学能力)、自我完善能力、自学能力(扩展能力、处理人际关系的能力)。

从这几种分析观点入手,我们得出结论:教师的专业能力应该包括一般能力(即智力)和专业特殊能力。教师在智力上,应达到一定水平,这是维持正常教学思维流畅的基本保障。在教师专业特殊能力方面,可以再分为两个层面:一是与教师教学实践直接联系的特殊能力,如语言表达能力、组织能力、学科教学能力等;二是有利于教师专业研究的能力,包括实践分析、课题研究、课改研究等教育科研能力。

四、专业态度

教师的专业态度和专业动机,是教师专业活动和行为的动力系统,是直接关系到教师职业的重要因素。这方面涉及教师的职业理想对教师职业的热爱程度、工作积极性的维持等问题。

研究表明,教师的专业动机和对专业的投入,随着年龄和教龄的增长而变化。入职动机非常坚定的人,并不一定意味着永远保持这种动机。据调查,教师,尤其是初任教师,他们的专业动机很容易受到其实际的专业活动自主程度、学校对教师的专业支持和帮助、与学校领导或同事教育思想的兼容程度等因素的影响,在某些因素的作用下,可能导致教师离开教师岗位。由于许多教师往往在入职后才发现自己选错了职业,所以马索和皮吉认为,教师培养是一项高风险、高投入的事业。

陈云英、孙绍帮对北京、大连、天津及山东等地204名教师的研究表明,不同的入职动机(包括父母是教师、受教师影响、自己的理想、自然而然、别无选择),对教师职业的满意度,都是有很大差别的。这种动机与态度的差别,是与教师岗位去留、保证积极的专业行为密切相关的因素。因此,专业态度和动机,是两个核心因素,其他因素一般都要通过这两个因素来影响教师的专业发展。

### 五、专业意识

如果说上述要素反映的是如何使教师成为专业人员,那么,自我发展需要和意识,则是教师如何不断自觉促进专业发展的保证,是教师专业发展的内在动力。

就一个人的发展来说,自我意识起着重要作用。因为,这意味着人不仅能把握自己与外部世界的关系,而且能够把握自身的发展,把自己当作认识的对象和自觉实践的对象,构建自己的内部世界。只有达到了这一水平,人才在完整意义上成为自己发展的主体。独立的自我意识和自我发展能力的形成,把个体对自身发展的影响提高到自觉水平。这是一种影响性质的变化,不纯粹是强弱、大小的变化。实际上,教师的自我专业发展意识在教师专业发展中的地位和作用也是如此。教师的自我专业发展需要和意识，使得教师在专业发展过程中实施终身教育思想成为可能。自我发展意识还能弥补过去教育设计只从教师群体一般需要出发而不考虑教师个体需要的不足。当教师在自我发展需要和意识下，成为具有这一需要和意识的教师，才可能有意识地寻找学习机会，才可能明白自己到底需要什么，解决今后朝什么方向发展以及如何发展等问题，才可能成为一个自我引导学习者。

教师的自我专业发展意识，按照时间维度分析，其内容构成至少包括三个方面：一是对过去专业发展过程的意识，二是自己现在专业发展状态、水平所处阶段的意识，三是对自己未来专业发展的规划意识。在把自我专业发展意识付诸行动时，还能够将教师过去的发展过程、目前的发展状态和以后可能达到的发展水平结合起来，使得教师能够理智地再现自己、筹划未来的自我、控制今日的行为，使得已有的发展水平影响今后的发展方向和目标、程度，使得未来发展目标支配今日的行动。如果具有自我专业发展意识的教师又了解教师专业发展的一般阶段理论，那么，他就会对自己的专业发展保持一种自觉的状态，有意识地将自己的专业发展现状与教师专业发展的一般路线相比照，追求理想的专业发展成为自觉行为，及时调整自己的专业发展行为方式和活动安排，以至最终真正达到理想的专业发展。自我专业发展意识是教师真正实现自主专业发展的基础和前提，可增强教师对自己专业发展的责任感，使自己的专业发展保持自我更新取向。在教师保持自我专业发展意识的前提下，经过一定时间的专业生活积累，还可以逐步形成自我专业发展能力，为教师进一步实现专业发展奠定基础，并成为促进教师专业发展的新因素。所以，正是教师的自我专业发展意识，扮演了对教师自身专业发展路线的调节、监控角色，才使得教师专业发展构成了一个动态循环发展过程，并向着积极方向不断发展。

以上主要从分析的角度，列出了教师专业发展的要素。这里还要强调,这些要素不是孤立的,它们之间是相互联系并存在交互作用的。他们终究要统一于教师身上。而且,作为专业人员的教师,所具有的专业特质,也不仅仅是教师内在专业结构诸方面的简单相加,专业教师的知识结构应该是处于不断流变、革新之中的,因为教师专业总是面临新的挑战,其整个活动之中充满了创新性。把握了教师专业发展的要素,就明确了研究、制定教师专业发展策略的重点。

## 第二节　高职院"双师型"教师专业标准缺失

高职院"双师型"教师专业标准是教育部制定的有关高职院"双师型"教师专业水平构成要素的指标,是高职院"双师型"教师从事专业教学工作必备的知识、能力与素质等。高职院"双师型"教师专业标准体现着国家、社会对高职院教师专业素质的基本要求,是高职院"双师型"教师实现专业发展的基本准则,尤其重要的一个作用是能够描述教师个体在专业发展过程中应达到的相关要求与目标。关于教师专业标准,我国已经颁布了一些相关法律法规,其中对教师的基本义务、培训和任职做了简单规定,但是我国没有出台过具体的高职院"双师型"专业标准。目前,针对高校教师教育技术能力的标准体系,一些省市出台了高校教师教育技术能力指标体系及培训实施办法与考核大纲。当前非常有必要在国家层面制定高职院"双师型"教师专业标准,为高职院"双师型"教师发展提供可依循的标准和制度保障。

### 一、教师专业标准的内涵

高职教育"双师型"教师作为一种专业,它不仅需要专门知识和专门技能,还需要专门培养机构、长期师范训练和学术准备及丰富的实践经验。"标准"一词在不同表达者、不同语境、不同时空中有不同的含义。

我们所处的知识经济时代和知识社会中,"标准"不是抽象空洞、难以理解的词语,而是日益渗透进各行各业中,在行业的发展和竞争中发挥着"尺度""标尺""规矩""规范"的作用。正如熊建辉老师所说:"标准并不只是描述现在的实践,它们根据科学研究和成功实践阐明教师应该知道什么和应做什么。"

1. 专业标准是国家、社会对高职院教师专业素质的基本要求

高职教育在我们国家起步较晚,发展较缓。但在我国建设新型工业化国家过程中,它又凸显着不可替代的重要作用。国将兴,必贵师而重傅。高职作为教育的一种类型、职业教育的高层次,决定了高职院"双师型"教师必须具备不同于中职教师与普通高校教师的职业内涵和特性,这一点也逐渐得到国家和社会、职业院校与教师个人应有的认识和承认。不容置疑的是,必须提高从事此专业的教师的质量。正如联合国教科文组织讲的,怎样强调教师质量的重要性都不过分,它与教学质量息息相关,各国政府应努力重新确立教师的不可替代性并提高他们的资格水平。因此,制定教师专业标准体现了国家、社会对高职院教师专业素质的基本要求。

2. 专业标准是高职院教师实现专业发展的基本准则

凡是准备从事教学工作的人,在教育水平上应达到高标准,不仅证明其在学科上能胜任,而且应显示出他们有教学的才能,这已在教育界达成共识。由于教师工作日益被认可为一种专门职业,教师的专业地位不断地得到巩固和提高,我们不约而同地走入教师专业地位时代。另一方面,作为一种专业,知识经济时代中知识的迅速变更、科学技术的日新月异呼唤着教师要谋求自身发展以跟上时代的进步。

当"发展什么、怎样发展"的课题摆在教师面前的时候,专业标准无疑是高职院教师实现专业发展的基本准则。事实也证明,澳英美等发达国家,从20世纪80年代以来随着现代职业教育的快速发展,对教师专

业能力与素质的要求越来越高,都相继出台或修订了职业教育教师专业标准。

3. 专业标准是教师增强自身专业素质的基本依据

从教育属性的维度看,高等职业教育属于高等教育的一种类型,具有明确的教育属性,需要教师准入标准。如前所述,高职院"双师型"教师专业素质是一个复杂结构,涉及教师专业道德、教师专业知识(包括专业知识、教育学知识、实践知识)、教师专业能力(包括教学能力、专业实践能力、校本课程开发能力、组织管理能力、科学研究能力等)、专业服务。教师在追求自身专业发展过程中,以上述结构为基准,补齐不足,提升已有素质,完成新手教师—合格教师—骨干教师—优秀教师的进阶。

## 二、高职院"双师型"教师专业标准缺失的原因

高职院"双师型"教师专业标准的缺失,既有历史原因,也有现实原因;既有外部原因,也有内部原因。

1. 高职教育投入不足,导致"双师型"教师专业标准制定工作滞后

我国历来是儒家文化传统,重视礼教。自从"樊迟问稼"于孔子,而被斥为"小人"后,操作层面的技术便永不登大雅之堂。及至近代,清末士大夫将西方先进技术贬低为"奇技淫巧",殊不知他们思想意识中的"技术"是"草船借箭"借助的技术,而非"轮扁斫轮"的精湛技术。顺理成章地,包括高等职业教育在内的职业教育也被社会看成了"劣等教育"。这样的社会与教育环境下,符合职业教育本质需求的"双师型"专业素质教师的培养难以得到职业教育的另一维——企业的关注和支持。失去了企业的关注和支持,职业教育也就失去了强有力的保障,培养出动手能力不强的毕业生,以致形成恶性循环。

我国高等职业教育,从20世纪80年代江浙一带的夜大起步,发展时间还不长,社会认可度还不高。社会上大多数人的共识就是,学业差、

高考不理想的学生才会进入高职院读书,而且误解高职只是专科的教育层次。其实在发达国家,经济的发展已经促使职业教育层次内在地提升,职业教育自成体系,从高中到专科、本科,到专业硕士,再到专业博士。大多数家长也认为孩子成绩太差读不了"二本""三本"不得已才去读高职,选择高职院就读实属无奈之举。虽然国家已经从国家发展的战略高度加大了对高职教育的重视及宣传力度,但观念上的改变确实需要一个长久的过程,社会对高职教育认同度低的现状依旧存在。另外一项调查也支持我们论述的观点。在高等职业教育被社会看成了"次等教育",在社会认同度较低的大环境下,"双师型"教师的培养难以得到企业、行业的关注与支持,自然使得"双师型"教师的培养举步维艰。其次,教育投入直接影响着高职教育基础建设及其人才培养质量。受制于国情,经费短缺是制约高等职业技术教育发展的一个瓶颈。经费投入严重不足直接影响着高职院的基本建设和可持续发展。由于经费投入严重不足,加上扩招后生均经费急剧下降,高职院办学经费捉襟见肘。在办学经费本身如此紧张的情况下,在有限的资金里专门预算高职院教师培养培训经费更是遥不可及、不敢想象。相应地,由于"双师型"专业素质提升培训规划的落实在经费上很难得到保证,一定程度上制约了高职院教师专业标准制定工作的顺利开展。

2. 高职院"双师型"教师专业标准制定条件欠成熟

首先是高职院"双师型"教师社会地位边缘化,导致高职院"双师型"教师专业标准制定工作难以开展。社会地位简称"地位",表示社会成员的社会威望和荣誉的高低程度,是一个社会成员在社会系统中所处的位置的标识,也泛指财产、权力和权威的拥有情况。社会地位一般由社会规范、法律和习俗限定。社会地位影响着教师队伍稳定、教育质量提升、教育事业发展。职业教育在社会中的地位不高导致了其教师处于不利的社会地位,进而影响其后备力量的储存。

其次是基础教育教师专业标准的制定工作优先于职业教育教师专业标准的制定工作。1997年,联合国教科文组织向180多个会员国政府发出了倡议书,该倡议书在"指导原则"部分明确规定,"高等教育中的教学"应该被视为一种专业,因为它是需要"从事高等教育的人员"具备"专门知识和专业技能"的一种公共服务,这种"专门知识与专业技能"需要经过"终身的学习和研究"。在全球性的"教师专业标准"浪潮的影响下,我国社会也开始关注并启动了"教师教育"的相关"标准"研制工作。政府首先是将眼光瞄准了发展相对成熟的普通教育体系,尤其是基础教育这一部分。

政府和社会对"教师专业标准"的高度关注和额外重视,是推动我国教师专业标准构建并逐步完善的重要影响力量。但由于职业教育,尤其是高等职业教育在我国起步晚,处于初级阶段,高职院的各项建设还处于摸索发展状态。高职院的教师队伍建设作为软资源,更是在规模扩张之后的内涵提升阶段才能引起注意。早在2006年,教育部发布的文件就明确提出,要"逐步建立'双师型'教师资格的认证体系,研究制定'高等职业院校教师'的'任职标准和准入制度'"。也就是说,要对高职院教师的学历、学位、企业经历等基本条件设定准入门槛。2019年教育部等四部门关于印发《深化新时代职业教育"双师型"教师队伍建设改革实施方案》的通知中明确指出"完善职业教育教师资格考试制度,在国家教师资格考试中,强化专业教学和实践要求,按照专业大类(类)制定考试大纲、建设试题库、开展笔试和结构化面试。建立高层次、高技能人才以直接考察方式公开招聘的机制。加大职业院校选人用人自主权。聚焦专业教师双师素质构成,强化新教师入职教育,结合新教师实际情况,探索建立新教师为期1年的教育见习与为期3年的企业实践制度,严格见习期考核与选留环节。自2019年起,除持有相关领域职业技能等级证书的毕业生外,职业院校、应用型本科高校相关专业教师原则上从具有3

年以上企业工作经历并具有高职以上学历的人员中公开招聘;自2020年起,除"双师型"职业技术师范专业毕业生外,基本不再从未具备3年以上行业企业工作经历的应届毕业生中招聘,特殊高技能人才(含具有高级工以上职业资格或职业技能等级人员)可适当放宽学历要求。"

为了提升高职院"双师型"教师专业素质,必须尽快出台一种层级分明、操作性强的高职院"双师型"教师专业标准,以便为高职院教师的专业发展、高职院教师培训工作提供依据,作为高等职业院校"双师型"教师开展教育教学活动的基本规范,也可作为高等职业院校"双师型"教师准入、职前培养、在职培训、工作考核等工作的基本依据。

## 第三节 高职院"双师型"教师专业发展制度不完善

高职院"双师型"教师专业发展制度不完善是制约高职院"双师型"教师专业素质水平的又一个原因。教师专业发展制度是现代大学制度的重要组成部分,也是影响高职院教师专业发展的重要因素。关注高职院"双师型"教师的专业发展是制定其"双师型"教师专业标准的根本出发点。

### 一、教师专业发展制度的内涵

教师专业发展的界定,就是认定什么是教师专业发展的问题,或者说教师专业发展的含义。要认定教师专业发展,就要辨析教师专业化和教师专业发展这两个概念。就广义而言,这两个概念是相通的,都是指教师专业性的过程。当把二者对照使用时,可以从个体与群体、内在与外在的表现形式上加以区分。教师专业化主要强调教师群体的、外在的专业性提高,教师专业发展则是教师个体、内在的专业性提高。对于教师专业发展的内涵,研究者们的观点是多样的。归纳起来,主要有三种:

一是指教师的专业成长过程；二是指促进教师专业成长的过程，也就是通常所说的教师教育；三是以上两种含义的融合。

支持第一种含义的观点有以下几种：

1. 霍伊尔认为："教师专业发展是指在教学职业生涯中的每一个阶段，教师掌握良好专业实践所必备的知识和技能的过程。"

2. 佩里认为，教师专业发展意味着教师个人在专业生活中的成长，包括信心的增强、技能的提高、对学科知识的拓展以及对课堂意识的强化等。可见，这种认识，有着积极的意义，认为教师专业发展包含着丰富的内容，这意味着教师已经成长为一个有着艺术创造的职业者，成为一个把工作提升为专业的人，一个把专业技能转化为学科权威的人。

3. 富兰和哈格里夫斯认为，教师专业发展，既指通过在职教师教育和教师培训而获得的特定的发展，也指教师在目标意识、教学技能和同事合作能力等方面的全面进步。

4. 格拉特霍恩认为，教师专业发展，就是教师由于经验增加和对其教学系统审视而获得的专业成长。

5. 罗清水认为，教师专业发展乃是教师为提升专业水准与专业表现而经过自我选择进行的各项活动和学习的历程，以期促进专业成长、改进课堂教学、提高学习效能。

以上这些观点，从不同角度阐释了对教师专业发展含义的认识，都有一个共性，就是强调教师专业发展是教师个人的专业成长过程，突出了教师的个体成长和内在发展。

第二种含义强调教师专业发展是教师教育和教师培训。这种观点的支持者主要有以下几种。

1. 李特尔认为，对教师专业发展的研究有两种截然不同的途径，反映了教师专业发展含义的两面性。一是教师掌握教学复杂性的过程，主要关注教学法和课程改革的实施，探究教师是如何学会教学、如何获得专业知识并逐步成熟,以及如何长期保持专业投入等。二是促进教师专业成长动机和提供教师专业学习的机会,主要是教师教育组织和培训条件对教师专业成长的作用。

2. 有些学者没有对教师专业发展做出明确界定,但是,从他们的研究中,我们可以看出,他们把教师专业发展和教师培训、在职教育等作为可以相互替代的专业词语使用。他们认为教师专业发展就是教师教育、教师培训,甚至把它直接认定为"教师专业培训"。

当然,持这一观点的学者还有很多,他们的核心思想认为:教师专业发展,是指通过教师教育和培训,让教师丰富专业知识和理论,提高专业技能和水平,以期教师职业在社会上的专业化。

支持第三种含义的观点,以威迪恩最具代表性,他指出了教师专业发展的三层含义:

1. 协助教师改进教学技巧的训练。

2. 学校改革整体活动,以促进个人最大成长,营造良好的气氛,提高学习效果。

3. 教师专业发展是一种成人教育,以增进教师对其工作和活动的了解,而不是让教师停留在提高教学成绩上。

有上述观点,我们可以总结出教师专业发展这一概念的基本含义:"教师专业发展是教师的专业成长过程,是促进教师专业成长的过程。作为专业成长过程,教师专业发展是一个多侧面、多等级的发展过程;作为促进教师专业发展的过程,就是针对教师教育和教师培训而言,也具有多种层次的梯度渐进。"

## 二、高职院"双师型"教师专业发展制度不完善

1. 高职院"双师型"教师的资格认证制度缺失

我国没有专门针对职业教育教师管理的法律法规。现行教育法律法规奠定了我国教师资格制度的基石。我国于2001年全面实施"教师

资格证书制度",从事教师这一职业必须取得教师资格证书,教师这一职业有了准入门槛或从业资格,这些举措标志着我国教师专业化进入了实施阶段。由于我国高等职业教育的快速发展,高等职业教育逐渐成为与普通高等教育并列的教育类型,但是上述教育法律法规中都没有涉及职业教育本质规约的"双师型"教师的概念或相应内容,远不能适应职业教育发展的需要。

高职院"双师型"教师资格的认定标准是其教师教育、培养、入职培训、继续教育工作得以顺利开展的逻辑起点,也是建立各种相关配套政策的前提。在现行教师资格认证制度中,由于缺乏适合高职教师特点的国家资格标准,对高职院"双师型"教师专业素质的认定也没有权威标准。高职教育教师的职业资格仍然沿用了普通高等教育教师的职业资格,学校在引进人才时,往往重视高学历、高职称,很少有"高技能"方面的考量。这样的政策导向无疑使教师重科研轻教学、重知识轻技能,妨碍了高职教育"双师型"教师在遵循职业教育规律和本质基础上的教育教学水平的提高,妨碍了高职教师专业化的进程。各种调查结果表明,我国高职院"双师型"教师主要来自不同学科毕业的研究生,由于他们从未经历过"教师教育专业"的训练、学习与熏陶,在教学过程中容易使教学的功能边缘化,具体表现在:过于注重学术表达;在处理教学问题时"手段单一",缺乏应有的"教育机智"和相应的"实践智慧";在教育方法上,仍然沿用普通教育知识传承方式,没有体现"高职教育教学"独特之处,案例教学以及启发式教学应用明显不足。这些问题与"职业教育学"理论知识不足有关,也同他们经历的教育实践欠缺密不可分。从政策的轨迹中,我们或多或少可以发现高职院"双师型"教师专业标准演变的过程。至今为止,相对而言具有较大影响的仍然是2008年教育部颁发的《高等职业院校人才培养工作评估方案》对高职院"双师型"教师专业素质在比较宏观的层面做出的界定。当然该方案没有做出相对可操作的具体标准,致使各个高职院在执行过程中也是见仁见智,对"双师型"教师专业标准的理解也各有侧重。据我们的调查,有的学校为了达标或者超标有意无意地降低入门条件甚至曲解文件精神,如简单地把具有"双证"的教师认定为"双师型"教师。

2. 高职院"双师型"教师考核制度缺失

"双师型"教师考核制度是指职业院校对于"双师型"教师专业道德、工作能力、工作业绩、个人发展水平等进行的考量、核算。科学、有效的"双师型"教师考核制度不仅是教师个人"自我成长"的动力,而且是高职院拥有高素质的"双师型"教师队伍的基本保障。我国尚未建立起完善的、符合高职院"双师型"教师专业成长的高职"双师型"教师资格考核制度。政策的导向造成教师对实践教学的轻视,因为实践教学工作量由于时间长、地点不固定等原因不好量化与核算。但是实践教学往往是职业教育的本质所在。

政策的导向造成高职院"双师型"教师缺乏对应用性研究的兴趣和热情。在滞后的高职院"双师型"教师考核制度导向作用下,高职院对教师进行学术性的基础研究相当重视,对应用性的科研成果的关注度普遍缺乏。从理论上说,高职教师的科研工作应当侧重应用研究及开发新工艺,积极为企业开发新技术,解决技术难题。但由于与企业合作的横向项目的价值认定不如纵向项目的认定操作简单易行,而且横向项目与科研管理单位现行统计科研成果的口径也不对称,有些高职院对"双师型"教师从事横向课题的研究并不持鼓励态度,有些成果甚至不能列入晋升职称的范围。政策的导向造成教师不想将精力与时间投入到为社区、群众提供社会服务上。政策的导向造成教师在接受继续教育方面也是为满足评职称的需要。高职院应当基于高职教育的基本特征,采用高等职业教育教师"独立考核制度",分别赋予"双师型"教师的"学术性"与"实践性"以合适的权重,才能比较恰当地体现和衡量"双师型"教师专业素质的基本内涵,体现高职教育的特色。

3. 高职院"双师型"教师评价制度滞后

合理科学的"评价制度"具有激励和导向功能。缺乏这样的制度就很难调动"双师型"教师工作的积极性,很难使高职教育教学效果达到良好以上,符合社会要求。提升高职院"双师型"教师专业素质水平,重中之重在于制定一套"科学规范""接受度广""通用性强"的评价标准。目前,我国高职院"双师型"教师的职称评定工作大都沿袭普通高校的"惯例",以此来要求高等职业学校的"双师型"教师显然是不科学的。因为高等职业教育教师与普通高校教师的实际工作相差甚远,谋求专业发展的内涵、内容、方式、路径不尽相同,可比性不足,必须区别对待。但是我们实施的人事政策、评价制度与我们的培养目标存在矛盾,致使高职院"双师型"教师为评职称也一味地追求高学历、高层次理论成果,所做的研究课题、写作的"论文"不符合高职院校教学、科研的实际,另搞一套符合普通高等教育的教学"业绩"、科研"成果",偏离了高职"双师型"教师自身应有的专业发展轨道。

4. 企事业单位和高职院合作制度落后

高职教育的鲜明特点是"理论与实践并重"、注重"实践能力的培养",它要求高职院的教师既"有先进的高职教育理念"、能够熟练"把握教育规律和教学方法",又擅长"本专业实践技能"、有"实际操作经验"。实际操作经验来源于教师与企业生产一线的密切联系,与企业深度融合,建立起良好的合作关系。

社会对高等职业教育的认同度不高,会让企业对高等职业教育产生一种负面印象,从而影响企业和高职院的合作意愿。企业是追求利润最大化,高等职业教育是教书育人,二者的追求不一致,不能向同一个方向走。另一方面就是"缺乏外部的推动为量",即政策约束与激励,导致企业"对我们派出学员参加他们单位顶岗实习的积极性不高"。被访谈教师也反映,企业追求经济利益,希望多赚钱,或者希望学校提供脑力资源为他们开展研发工作,或者希望提供场地,给他们提供廉价劳动力;而高职院要培养人才,希望企业提供有丰富实战经验的技术人员甚至是工程师作为学生实践教师,对于企业来说这会影响他们的工作安排。因此,二者合作难以长久,往往是过了几年就不欢而散。当然有时候也是由于企业的生产跟不上社会形势而自动倒闭的原因。

校企合作是提升"双师型"教师专业实践能力最有效的途径。高职院要提升"双师型"教师专业实践能力,必须与企业建立"密切、长效的合作关系",教师深入企业一线实践,并将生产实践嵌入教学过程中,提高"实践教学水平"和"产学研结合"的科研能力。但事实上很多企业并不愿意接受高职教师到企业顶岗工作或挂职锻炼。企业是以利润最大化为追求目标,教育事业是以学习、提升、教书育人为旨归。有些企业即使名义上接受了少数教师到"企业挂职锻炼",却不愿把他们放在"核心岗位"上,没有机会参与企业的"核心生产程序"和"关键技术研发",正像实习生在实习单位处于边缘一样,下企业锻炼的教师也是表面和形式上的挂职锻炼,未深入到具体细则中。从我们的调查中也能了解到,事实上教师对于下企业参与生产实践的锻炼的积极性不高,实践效果也不理想。最走形式的是在企业开个参加实践工作的证明交给学校以应付检查。

缺失专门针对"校企合作"培训高职院"双师型"教师的政策。高等职业教育强调"做中学、做中教、实践中教"的理论,从当前国家政策体系来看,尚未出台和颁布专门针对"职业教育校企合作"的政策法规,只有部分省市出台了一些校企合作方面的意见、办法、条例、规定等。如浙江省颁布的《宁波市职业教育校企合作促进条例》(2008),可以说这是国内首个为职业教育校企合作立法的城市。颁布和实施"职业教育校企合作"政策的省市还有北京市、河南省、湖南省等。

# 第四节　高职院"双师型"教师职前培养缺位

制约高职院"双师型"教师专业素质水平提升的原因是高职院"双师型"教师专业职前培养缺位。高职院"双师型"教师的职前培养主要指的是"准高职教育教师"在高校接受研究生教育或本科教育的过程。这一过程是准教师沉淀职业教育理念、获得职业知识与技能、发展职业教育教学技能与技巧的关键期，是优秀教师成长的起点。导致教师职前培养缺位的原因众多，表现形式各异，我们认为教师职前培养存在明显的"唯学历"的倾向、职业技术师范学院培养模式学术化倾向严重、职业技术师范教育去师范化的倾向、校企合作缺乏有效机制等四类原因。

## 一、"双师型"教师引进和培养存在明显的"唯学历"倾向

高职院"双师型"教师专业职前培养缺位的一个表现是"双师型"教师的引进和培养存在明显的"唯学历"倾向。高职院"双师型"教师引进的"唯学历"倾向，即高职院招聘信息首先看重教师的学历学位及毕业院校的排位。尤其是随着近年高校扩招的风生水起，高职院招聘着眼于博士学位，只有个别稀缺专业可放宽至硕士学位。非师范重点大学的人才培养模式缺乏企业实习环节，师范大学却仍然沿用普通教师的培养模式，高职院引进的教师缺乏企业的历练，缺乏在真实工作场所开展学习的经历，不利于教师专业实践技能的培养。

受访者李老师对这一方面有深刻的个人感受：高职院专业课的教学以"必须、够用"为原则，以形成职业技能为目标，以充分满足专业所面向的"职业或职业群的实际需要"为度，要求教师教学具有较强的针对性和实用性，能传授"实际知识和经验"。这对"双师型"教师专业理论知识的修养、掌握与所授理论课程相当的专门职业技能的要求包括：清晰地认

识并广泛地了解专业理论知识的整体结构框架和未来发展趋势;在实际教学中能够根据专业所面向的岗位群或职业群的实际需要,在一定"度"的范围内,对专业理论知识体系进行有针对性的裁剪、筛选和实用性的再加工,向学生传授走向工作岗位后必备的"理论知识""专业技能"和"可持续发展的学习能力"。

就是说,由于高职院偏重于实际知识和经验的传授,开设的课程实践性较强,其教师应既懂理论知识又懂实际操作,具备双重专业素质。教师在教学过程中重视学生智力技能和创新创造能力的培养。专业技能的内涵很丰富,不仅包括具体的技能,也涵盖个体在实践工作中获得的工作经验,积淀的工作阅历,增长的实践智慧,这必然要求职业课教师的知识结构中涉及实践性知识和实际工作经历。例如,电子工程类专业的教师要有电子技术、电工技术等方面的专业技能和实践智慧。高职院的师资队伍建设包括引进和培养两方面。在引进方面,高学历高职称几乎成为唯一的参考标准。在一些经济发达地区,高职院引进的师资,应届毕业生、青年教师非博士基本不予考虑(除去一些稀缺的工科专业)。在培养方面,学校内部教师的培养也以攻读博士学位为主要方向,学校也会从人力、物力、精力及财力给予大力支持。一方面是学校资源有限,吸引不了实践经验丰富、具有企业工作经历的人才;另一方面是这类人才也确实稀少,都被企业高薪挖走了。以学历为唯一标准建设高职院师资队伍无疑扭曲了技术型人才培养为宗旨的高职教育的培养目标,此种现象,不利于高职院"双师型"教师专业素质的形成。

## 二、"双师型"教师教育存在严重的学术化倾向

高职院"双师型"教师专业职前培养缺位的另一个表现是"双师型"教师教育存在严重的学术化倾向。从本质上说,教学属于社会科学领域,不论你教什么,是机械、电子、化工这些工程课程,还是文学、哲学、历史这些社会科学,只要你研究教学规律,那它就是社会科学。工程师所

研究的则是自然科学。两者有许多不同之处,并不是说两者不能结合,但是,显然我们对其认识不够,两者的结合不是简单的叠加,而是要融合。

根据职业教育研究的相关成果,它对于"双师型"师资所应具备的条件要求是比较独特的,职教教师的培养必须要体现其内容的特殊性。目前我国高职院的师资主要来源是理工科大学或师范类院校。在理工科类大学中,职教师资的培养是建立在学科性的专业基础上,其基础科学是相关专业科学。在师范类院校中,职教师资的培养除了学习完整的学科性的专业课程,在其培养方案中还会有一个教师教育模块,其中所学知识的内容主要是普通教育学、一般教学法、普通心理学。因此,可判定无论是哪种高等教育机构,职教师资的培养模式基本上都是基于学科性原则的,是专业学科相关知识的叠加。可见,高职院师资培养过程的学术化倾向十分明显。在这种学术化的培养模式中,专业知识结构及内容就成为职教师资培养的基本组成部分。显然,实践能力的培养明显缺失。理论上,职业教育教师培养的最终目的是在"积累相关的职业实践""企业经历"和"教学实践"的基础上,使"双师型"教师既具备相关的"专业科学知识"和"职业工作过程知识",又具有相关的"教育科学""高等职业教育教学法"方面的知识。理论上,职业教育教师培养模式应该是一种以职业性原则为出发点的基于职业科学的专业教学论(亦可称职业教学论)模式。这种专业教学论培养模式要求从高等职业教育的视角出发,整合专业科学和教育科学以形成职业科学,再以职业科学为基础科学,以高等职业教育的专业教学论,或者说职业教学论为基础,培养职业教育教师。

由于教育科学和职业的教学行动情境之间缺乏沟通,专业科学与具体的职业行动情境缺少有机的联系,上述的理想诉求与实际上职教教师从事的职业教育工作相差甚远,极大地影响职业教育教师的职业教学行动能力的培养。

长期以来职业技术师范教育人才培养的两大困境：一是职业技术师范院校培养专业的有限性和稳定性与职业学校应对经济发展需要设置专业种类多、调整专业设置变化快之间的矛盾；二是有限的四年培养时间与实现"三性"办学特色之间的矛盾。教师职前培养主要目的是丰富教师的专业知识、提升专业技能及丰富教师的学科知识、学科技能。如何协调两者之间的关系，是任何职教师资培养单位都需要思考的问题。

### 三、"双师型"教师教育存在"去师范化"倾向

高职院"双师型"教师专业职前培养缺位的表现是"双师型"教师教育存在"去师范化"的倾向。高职院教师的教育教学能力是指组织学生进行课堂学习、实施课堂管理和指导生产实习的能力。高职院的教师除了具备专业知识和实践技能，有一定科研能力发表多项研究成果，还必须钻研高职教材、熟知高职学生心理、做好教育教学工作。高职教育教学有其内在的规律和动力，需要高职院的教师具备一定的教育学、心理学方面的知识，有较强教育教学组织能力、课堂管理能力、教材处理能力和语言文字表达能力，能将自己的专业知识、操作技能、先进技术卓有成效地传授给学生。

为适应我国基础教育和高等教育改革的需要，教师和教育事业成为国人密切关注的焦点之一。20世纪末，我国的师范教育进行了名称更换、范式转换。首先是培养主体的变化。1999年6月，中共中央国务院颁布的文件提出："加强和改革师范教育，大力提高师资培养质量。调整师范学校的层次和布局，鼓励综合性高等学校和非师范类高等学校参与培养、培训中小学教师的工作，探索在有条件的综合性高等学校中试办师范学院。"这也是顺应教师教育的国际潮流。发达国家的师资培养一般是在综合性大学进行。其次是概念的更新。2001年5月国务院发布的文件中指出要"完善教育体系，深化人事制度改革，大力加强中小学教

师队伍建设"。"师范教育"这一概念成为历史,被"教师教育"的概念所取代。最后是教师教育体系的构建。2004年2月,教育部《2003—2007年教育振兴行动计划》中明确提出了"全面推动教师教育创新,构建开放灵活的教师教育体系"的目标。2018年教育部等五部门关于印发《教师教育振兴行动计划(2018—2022年)》的通知中明确指出"采取切实措施建强做优教师教育,推动教师教育改革发展,全面提升教师素质能力,努力建设一支高素质专业化创新型教师队伍。"

因为教师教育是终身性的,它并不等同于师范教育,而是一个由师范教育与入职辅导、继续教育组成的巨大系统。这一规定也标志着我国师范教育向教师教育转型战略开始实施。转型不是对过去的否定,而是对未来的追求。因为教师养成是教育而非培训,它不但是教育理论技能的灌输、补给和更新,还是专业智慧、情怀、人格的全面提高。经过十多年的范式转换,普通高等教育初步构建起以师范院校为主体、综合大学参与、开放灵活的教师教育体系。在这一历史发展与变革中,我国的职业技术师范教育出现了萎缩倾向,显示出去师范化的弊端:一是师范院校的师范招生专业比例逐渐减少,非师范招生专业逐渐增多。以有的师范大学为例,师范性专业数与非师范性专业数比例是19∶31;二是一些师范大学去"师范"名称或不再从事"职业技术师范教育",部分独立设置的"职业技术师范院校"也出现了去"师范"名称现象。

## 四、"双师型"教师教育缺乏"校企合作"机制

高职院"双师型"教师专业职前培养缺位的最后一个表现是"双师型"教师教育缺乏"校企合作"机制。就业导向的高等职业教育决定了其教师的任务就是使学生拥有在企业的生产、管理、服务一线从事专业技术工作必须具备的职业人的素养、心态和能力,这就决定了高职教育"双师型"教师的教学内容必须与企业技术人员的职业实践相适应。因此,高等职业教育"双师型"教师必须具备双重理论知识和双重实践能力。

双重理论知识是指高职"双师型"教师的理论储备既涉及专业科学与职业专业工作的理论、知识和内容,又涉及学和教的科学研究成果和理论。所谓双重实践能力是指:一是作为高职教育"双师型"教师的教学实践,它存在于教学的具体组织与实践过程中;二是"双师型"教师作为专业技术人员的生产实践,这种实践存在于生产劳动的具体组织与实施过程中。因此,高职"双师型"教师是在掌握与职业相关的专业理论和与实际相关的职业性专业工作基础上,在学校教学实践和职业实践之间开展工作的。

目前,根据我们的调研及其他研究成果,高职教育"双师型"教师来源主体仍然是普通高等院校,职前培养极度缺乏企业的参与,与企业行业的联系和沟通太少非常不利于"双师型"教师专业实践技能的培养与提升。高职院青年教师也有自己的诉求:青年教师需要更多到企业锻炼的机会,接触生产一线越多,教学质量的提升才会越快。没有真正在企业的生产、管理一线接受过锻炼,就不可能了解企业的实际运作和生产流程,也就很难适应以职业实践能力培养为特征的高等职业教育。

第一,从现状来看,目前多数高职院与企业的合作模式仅停留在形式上,缺乏实质性的合作内容,更谈不上建立长效"校企双赢"的合作机制。理论上,企业需要学校提供高水平的人力资源和"前沿技术"支持,学校则需要企业提供"职业实践丰富的师资人员"及高质量的培训和技术研发的工作场所与设备。但在实际合作中,却困难重重。这其中既有政策的原因,也有利益的阻碍。首先,政策实施跟不上,既缺乏政府"顶层设计政策"实施框架,也缺乏政策实施的"典型试验田",实施框架及试验田的缺失导致学校与企业层面落实政策制度保障的缺乏,各种工作节奏的慢一拍致使高职教师参加企业实践、提升工作实践能力这一政策的"衰减系数"逐步增大,最终结果是教师和企业均缺乏积极性,停留在浅层次的参与合作,制约着教师实践水平的提高。其次,由于高职院研发水平有限,提供的"智力资源和技术贡献"有限,不受企业欢迎,企业合作意愿不高,很难建立校企合作长效机制。

第二,近几年提出的"产学合作"教育模式还未形成。与普通高等学校相比,高职院的"产学合作"有所不同,前者的"产学合作"侧重于教学与生产、高新技术的研究和开发的有机结合,后者的"产学合作"侧重于"教学与生产",注重"新技术开发",注重"新科学研究成果与新工艺的嫁接、转化、推广和应用"。许多高职院对这种"产学合作"模式还处在"摸着石头过河"的探索之中,远没有发展成熟,一定程度上延缓了"双师型"教师专业素质的培养。

## 第五节 高职院提供的"双师型"教师专业素质提升环境不理想

制约高职院"双师型"教师专业素质提升的还一个原因是其发展环境不理想。一般说来,因为高职教育的特殊性,高职院的师资队伍需要有独特的建设道路,"双师型"的专业素质建设是关键。高职院在"双师型"的专业素质建设方面必须要解决好两个问题:一是"双师型"教师专业知识的发展,尤其是职业教育学知识的获得与提升。现在高职院教师大部分来源于综合性大学,缺乏教育学知识的学习与积淀。二是"双师型"教师实践能力的培养,尤其是青年教师专业实践能力、企业顶岗能力的培养。现在高职院的大部分教师都是毕业后直接走上教学岗位,而且引进高学历教师的倾向越来越显著,忽视了教师专业实践能力的提高、企业顶岗能力的培养等十分重要的环节。

### 一、高职院对"双师型"教师专业素养培养缺乏规划

高职院"双师型"教师专业素质发展环境不理想的第一个表现是高

职院缺乏"双师型"教师专业素质培养规划。信息社会所需要的人才,是有创意、灵活性强、有批判性思考能力的人。这些能力都不是经过记诵知识和应试操练而培养的。信息社会需要大量的高素质人才,因此我们不应轻易放弃培育每一个学生的机会,因为高素质人才"成才"的过程是漫长而曲折的。美国波音公司提供的产业对人才的质量需求,即工程师所应具有的能力和素质,就印证了这一说法。在总结信息社会所需的人才本质时,我们不妨借用比尔·盖茨提出的一个概念,即"兼容性"。人才的"兼容性"应是我们非常需要关注的一种素质。"兼容性"人才,即"在不同的工作环境能发挥其功能,不断学习适应新的工作要求,有效地解决由不同情境引发的问题,处变不惊",推动信息社会的可持续发展。信息社会为了这种持续性的发展,不能再信奉精英主义教育,要尽力扩大人才库,将"人才"概念的内涵拉大,具体来说要把所谓"人才"(发展的栋梁)由现时的一小部分"精英"最少扩充至包括总人数的一半或以上。因为一小部分精英,无论他们有多少才智,都无力承担信息社会全部工作的要求。为此,教育工作者应特别留意"学习差异"和"学习困难"的问题,因为教学的目的是要保证每个人的潜能都有发展的机会。信息社会人才性质的转变、人才数量的扩充使我国的高等职业技术学院面临新的挑战。要培养出信息社会人才,需有配套的师资基础。我国的高职学院绝大多数是"三改一补"方式创办的,而且这些被改办的学校多数是师资条件较差的,在教师培养过程中也存在种种不足。

首先是"双师型"教师引进方式缺乏科学性。大部分职业学院改办初期,设备师资短缺,特别是专业课教师,几乎是零。为了暂时应付教学,通过使部分文化课教师改教专业课、抽调企业的能工巧匠、从高校毕业生中招聘高学历优秀人才等方式充实高职院师资队伍,这些教师有的经过短期培训,有的没有经过培训,所教专业的理论水平、实践能力、教学效果都难以达到职业学院的办学要求。这些先天不足更加弱化了高职院教师的专业素质。其次是在"双师型"教师培养过程中不讲科学性,不注意教师专业素质提升的"战略性规划",没有根据学院的教师队伍现状和教师自身的职业生涯规划做出合理科学的安排,在教师培养过程中出现强制性、随意性、功利性、失真性等。教师培养过程中的急功近利与强制性表现在,为应付上级有些部门文件的要求,突击性地把教师选送外出进修和锻炼,而不是教师自愿自发地参加培训,所以在培训过程中缺乏教师自主的反省、体验。教师培养过程中的失真性表现在,"双师型"教师培养之后没能做出积极的"后序环节"安排,对于教师"双师型"专业素质与能力培养的"结果评定"和学习归来的对应使用没有得到很好的落实。此外,还有培训的随意性和片面性,等等。理论上说,高职院"双师型"教师教育与培训应是实践性的、境域性的、现场性的,脱离境域使得"双师型"教师教育假大空。优秀"双师型"教师的大部分知识来自其实践经验。个体专门知识与技术的获得主要来自专业化实践的过程和经验;作为新手,个体只有在职业实践的过程中才能逐步掌握工作场所的规则,形成工作需要的能力,积累工作经验,最后形成专门的知识和技术。理想的高职院"双师型"教师的专业成长需要经历三个规范化的过程,包括"专业知识"的掌握、"专业经验"的获得、"教师培训"的参与。其中,专业经验的获得是必不可少的一个环节。高职教师教育与培训应是教师成长、发展、自塑的过程,是对教师的全面关怀。

## 二、"双师型"教师入职培训内容单调

高职院"双师型"教师专业素质发展环境不理想的第二个表现是"双师型"教师入职培训内容单调。目前,除了"国家示范高职院校"和少部分经济发达地区的高职院外,相当大的一部分高职院对师资的"入职培训"缺乏力度,高职院"双师型"教师专业素质提升缺乏有力的"国家政策支持","双师型"教师培训经费也没有正常和稳定的来源,特别是许多高职院并未形成一整套体现高职教育特色的"教师培训模式"和规范的"管

理方法"。根据我们的调查,高职院对于新教师的培训仅限于学校规章制度的了解,缺乏针对性。

### 三、教师培训受限,专业知识、实践技能提升有限

由于历史的原因,我国高职院"双师型"教师培训内容落后,途径有限,效果不太理想。一般说来,高职"双师型"教师培训形式主要有:提升学历学位的在职进修、培训基地培训、提升专业实践能力的企业挂职锻炼等。但是,教师培训途径却屡屡受限,表现为:其一,现有国家级和省级的培训部门师资力量薄弱。因为从事高职教育教师培训的培训师本身接受的是学术型的"精英高等教育",对高等职业教育基本属性的理解还很不到位。他们沿用传统的培训模式,往往照本宣科,教学过程偏重于书本知识的传授,课程内容偏理论,采用"灌输"教学模式,动手操作机会较少,使教师难以在培训过程中提高自己的"专业技能水平"。这在很大程度上阻碍了高职教师自身专业技能的提高。其二,近年来,尽管高职院普遍扩大招生,但是专任教师数量并未相应增加,教师教学任务繁重,没有时间、体力、精力、机会去参加培训进修。事实上,很少有高职院可以让教师"全脱产进修"。其中,在职教师的培养与培训,主要有省市一级、国家级(如国培计划)层面的教师培训项目,在安排哪些机构参与教师培训时,往往从利益角度考虑较多。不少在职教师培训机构,经济利益重于社会利益,重于对教师专业发展产生的实际效果。不管培训条件如何,都申请作为培训机构。人和其他动物最大的不同点主要就是由于他的未完成性。动物靠着天生本能在世界上生存,而人要想在世界上生存、生活,他必须从他的环境中不断地学习本能所没有赋予他的支撑工具、生存技术。为了求生存和发展,他不得不继续学习。许多地方或职业院校对专业教师提出了新要求。

### 四、高职院学生管理工作难度较大

高职院"双师型"教师专业素质发展环境不理想的第四个表现是高

职院学生管理工作的复杂性使得教师无暇关注教育教学技能提升。目前，由于高职院的生源都是高等教育大众化扩招的结果，生源素质有所下降，高职院学生不仅学习成绩不佳，有些学生甚至是问题学生，或者心理不健康，或者沉溺于网络游戏，缺乏积极健康乐观向上的人生观和价值观。高职院教师面对的一大任务是学生管理工作，他们首要的、也是最为重要的工作是诸如学生日常生活管理及课堂纪律管理。一些调研结果也得出同样的结论，一个好的职教教师必须具备良好的"学生管理能力"和高超的"技术水平"。我们的访谈也印证了这一点，受访者李老师以一个比喻说明了高职院学生的情况。由于高职院学生在传统的应试教育评价视野中是失败的，自然导致成就动机弱、不自信、破罐子破摔、被贴上坏孩子标签等。另一方面，高职院学生多数来自农村，其人文素养、学习能力等都有待提高。天津职业大学统计数据表明，70%以上的本校学生都是来自农村家庭，即使是天津户籍的学生，也多是来自郊区的农村地区。进入高职院后，"双师型"教师需要高超的课堂管理策略、与学生沟通的技巧、多元评价方式等途径建立良好的师生关系，因此产生了"工程型教师"的理想教师期待。所谓"工程型教师"，就是执鞭任教者要像工程师那样认真而又全面地做好本职工作，专业必须精益求精，如同主管工程建设质量一样有责任和义务负责促进学生身心、健康发展。教师既要重视提高班级教学质量，又要时时关心课外活动效果；不仅在校内进行道德伦理教育，而且要关注校外青少年成长的整个过程。传统的理论知识教育模式，都是先讲抽象、无形的符号，如概念、原理、原则、公式等，然后用有形的实验、经典的案例去验证这些抽象的概念、原理、原则、公式等。对一些抽象逻辑思维能力很强、善于接受符号系统的人，能够用符号在大脑中去推理。但是高职院接收的学生，是传统教育下失利的一批人，之所以失利，是因为他们不善于运用逻辑思维，而善于运用形象思维和动手操作。他们乐于在具象情境或活动氛围中，在行动过程中来思考,通过"行动"来学习。这就决定了高等职业教育的学习,不能脱离行动及工作任务的"过程性"而只掌握孤立的"点"的技能。因此,高职院专业课程教学的关键在于,应该把知识符号的传递及职业技能的传授,通过"看得见、听得到、摸得着"的载体设计,以实现"百闻不如一见""百见不如一做"的转换。

# 第五章 基于工匠精神"双师型"教师的专业素质培育探索

## 第一节 人力资本视角下的高职院教师培训探析

教师的人力资本,是指凝聚在教师个体身上的知识、技能及其工作能力等多种要素的总称,又叫存量资本。存量资本中能直接发生作用,从而带来价值增值的那部分资本叫现实资本,又叫实际资本。原则上,一个具有教授职称的教师的存量资本大于一个具有讲师职称的教师的存量资本,但如果这个教授所产生的效能与一个讲师相当,那么该教授的实际资本价值也只能相当于一个讲师。人力资本的变化是一个相对无终极的不断发展和累积的过程,通过投资使用和在职培训能够使其自我增值和不断提高。因而,高职院教师一方面要不断积累和培育存量资本,另一方面要最大限度地把存量资本转化为现实资本,使其产生更好的增值效应。无论是存量资本的积累还是现实资本的转化,教师培训都是不可或缺的重要途径。

### 一、高职院教师人力资本的特殊性及在职培训的必要性

与其他种类的教师和人力资本相比,高职院教师的人力资本具有一定的特殊性,这种特殊性决定了高职院教师在职培训更为必要也更加紧迫。

## (一) 鲜明的职业性

高职教育直接面向市场,面向生产第一线。它肩负着为社会培养有知识、有文化的能工巧匠的重任,为各行各业培养各类高技能人才,为经济社会可持续发展提供直接的技能型人力资源支撑。高职院的科研也直接服务于产品开发、应用技术研发,并直接产生经济效益。作为高技能人才培养的主力军,高职院教师的人力资本具有显著的职业性要求。与普通高校教师相比,高职院教师不仅要掌握一定的学科理论知识,更要投入相当精力获得实践技能。随着高等职业教育的迅速发展,大批高校毕业生充实到高职教师队伍中来。来自普通高校的高学历毕业生普遍没有企业工作经验,大多偏重理论而缺乏实践技能,存在着专业性、技能性普遍缺乏的状况,这些高职教师的学历提升以及人力资本积累与转化只能依托于有效的职后培训。

## (二) 明显的稀缺性

高职教育的特点决定了高职教师必须拥有"双师型"素质,不仅要具备普通高校教师的教学科研能力,还需具备丰富的社会实践技能,一般要求与市场联系紧密,有广泛的社会人脉基础。因此,优秀的高职院师资相对稀缺,一直是人力资源市场争夺的热点。高职教师个体的存量资本越大、质量越高,则教师人力资本的价值也越高。一般情况下,博士生的存量资本转化为现实资本后所产生的效能,总体上会大于或远远大于硕士生。与本科院校相比,进入高职院教师的存量资本略低,所以高职院在教师队伍的培训方面大都不惜重金,正是基于将教师的存量资本转变为现实资本所能产生的巨大效能的潜在预期,该预期对高职院师资培训所愿意支付的成本大小起着决定性的作用。

## (三) 较强的时效性

随着产业结构调整和优化升级,新兴产业不断涌现,这不仅要求高职院设置的专业与之动态适应,也要求培养的人才具有较强的职业迁移能力,以适应环境变化的需要。高职院教师为了适应这种人才需求多变性的特点,必须与市场联系、与企业联系,了解生产第一线的技术变化,具备"一专多能"的素养。没有知识更新的教师人力资本在使用过程中会逐步荒废或者退化,导致存量资本长时间不能转变为现实资本,这就要求高职院通过适当的职后培训及时转化存量资本,并适时培育新资本,从而在不断提高人力资本存量和质量的同时,加大存量资本的转化,发挥教师人力资本的更大效能。

### (四)天然的趋利性

经济学的基本指导思想是所有经济个体都是"理性经济人",也就是说任何资本都有天然的趋利性。高职院教师的人力资本也不例外,他们一般比普通高校教师社会地位低,加之其人力资本具有较强的共享性,一旦有更好的发展机会、更好的物质待遇或者有更好的工作环境,高职教师就可能出现流动或者迁移。事实上,目前高职院中普遍存在着骨干教师流失现象,流向科研学术环境好的普通高校或流向效益好的企业。个体在进入高职院之前,首先会对自己的价值以及对高职院组织的价值进行预估,从而形成一个对高职院组织的期望定位。同时,高职院组织作为人力资本的使用者也要对个体人力资本可能对高职院产生的实际或潜在的效用进行预估,从而形成一个期望定位。当人力资本供给者和使用者的期望达到一定平衡的时候便形成了教师人力资本的使用合约。值得注意的是,人力资本的供给者和使用者对双方的期望并不是随着合约的形成而永久固定,这种期望会因为各种内外因素的影响而不断变化。当这种平衡被打破且不能形成新的平衡时,就会出现解除合约的情况。为了避免高质量人力资本可能出现的流失,高职院要想方设法稳定教师队伍,国内外学习、进修、访学等在职培训形式会构成除高薪资以外有效的精神激励,这有助于留住优质的高职院人力资本。

## 二、实现高职院教师人力资本增值的策略

我国职业教育发展已经开始了由注重数量和规模转向越来越注重质量和内涵的战略调整。作为职业教育质量保障关键的师资队伍建设是这一战略调整中必不可少的重要一环。为了实现高职院教师的人力资本增值，政府部门和高职院应当有所作为，也可以大有作为。

### （一）政府要提供全方位的政策支持与保障

鼓励和支持高职院教师从事企业实践。由于涉及商业机密和知识产权，企业对于外面介入者不能完全放开，所以高职教师很难"零距离"实践参与到企业生产经营管理中。政府及其有关部门应当对接纳教师顶岗的企业给予税收优惠，从而激励企业积极参与教师培训；应当对职业院校教师开展技术研发、技术转让、技术咨询和技术服务等"四技"服务和举办培训班等方面取得的收入，免征或少征所得税和流转税，从而使高职院专业教师能够深入企业，在专业学科知识的基础上，加强理论与实践的结合，不断增强科研能力，提高专业水准。

加大对高职教师专业化发展的投入。教师专业化发展是一个人力资源开发的缓慢过程，需要人力、物力的投入。美国有专项资金用于职业教育教师培训和提高，以促进教师的专业化发展。根据《2007—2012年中国教育经费统计年鉴》的数据显示，我国教育经费支出逐年上升。2012年我国财政性教育经费支出为22 236.23亿元，占GDP的比例首破4%，达到了4.28%。但我国职业教育经费投入总量偏低且投入比例不稳定。2006—2008年间，职业教育经费占全国教育经费的比例比较均衡，基本上处于11.63%~12.02%。随着我国加大对职业教育的经费投入，职业教育经费占全国教育经费的比例在2009年突然上升到12.85%，但是从2010年开始，该比例开始逐年下降，2011年降至12.11%。职业教育招生规模持续扩大，我国在职业教育方面的投入严重不足，无法满足持续扩展的职业教育事业发展的现实需要，也无法满

足数量越来越庞大的职业教育教师的专业化发展需求,因而,相关部门要在资金上给予高职院教师专业化发展足够的支持与保障。

建立完善的职称评定制度和考核制度。完善职称评定制度和考核制度能够为高职教师专业化发展提供制度保障。高职教师的职称评定要与高职教育的特点相吻合,体现高职特色,突出实践能力,不宜过分强调发表论文的数量和刊物等级的高低,应重视实际操作能力和研究能力。对高职院教师的考核,要综合平衡师德、职称、学历、教学能力、科研能力和实际操作能力等方面,制定系统全面、科学合理、公平公正的评价指标体系。

(二)高职院要努力构建多样化的人力资本增值平台

高职院对人力资源开发要有长远的考虑,从组织发展阶段来看,每个组织都会经历创业期、发展期、成熟期与衰退期,师资培训也要与组织发展阶段的特点相适应,既不宜超前于学校发展,也不能等到发现问题再培训,更不能把培训看作一劳永逸的事。由于我国高职教育的发展水平不同,高职院可以根据自身条件为教师提供多渠道、多类别、多样性的培训模式。

以人事部门为主体,创造良好的培训氛围。其一,高职院需完善人事制度,提高教师的工资待遇,为其职业生涯规划提供物质保障;需加强院系教学工作安排的合理性,为其职业生涯规划提供时间保障。其二,学校要制定适应本校环境的相关制度措施,充分利用网络等媒介广泛宣传,并加大政策的执行力度。其三,学校要制定纲领性的职业生涯规划方案,引导院系及员工个人制定相应的职业发展目标,使学校的发展与教师的个人发展有机结合,促进学校与个人的共同发展。其四,针对教师职业发展的需求,学校要专门组织专题讲座和培训,设立专门机构对青年教职工的职业生涯规划进行专业指导,定期反馈。

以专业竞赛为平台,提升高职教师的教学实践能力。教学竞赛是提升教师教学能力水平的有效方法之一。设计策划系列教学竞赛,展示和提升教师对高职教育新理念和新知识的学习能力、课程开发能力、课堂教学能力、生产实践能力,有利于提高教学质量。针对部分高职教师职前缺乏课堂组织教学实习训练、教育学心理学理论薄弱的实际情况,可以采用教案评比、教学论文答辩、教学公开课等形式,通过现场分析、评委点评、选手交流,使参赛者能更准确地进行自我评价、自我反省和自我提升,从而促使教师有意识地学习应用相关的教育教学理念,把握课堂教学规律,提升课堂教学的组织能力。高职教学具有鲜明的"职业性"特点,针对部分高职教师实践动手能力薄弱的现状,要根据不同专业特点,开展系列教师专业实践技能操作比赛。只有具有娴熟的实践操作能力,对学生才有职业技术的指导能力。要求参赛者亲自动手进行生产加工、设备拆装、故障查找、读图分析或生产工艺反应机理分析,体现参赛者在实训课程指导方面的自身动手能力,重点评价操作的准确性、规范性和娴熟性。聘请相关企业的工程师、技术人员担任评委,从实际工作角度对教师的操作水平进行评价和指导,这个平台有助于教师将课程内容和职业标准相结合,将专业建设和职业岗位相结合,能有效提高教师的实践教学能力。

  以科研项目建设为平台,提升教师的科研和实践业务能力。以精品课程建设和课题研究为主的科研项目是学校提升教师科研能力的重要平台。要围绕高职院内涵建设与特色发展为中心,以应用型研究和开发型研究为主,把科研工作同高职培养目标、专业建设和企业对技术的需求紧密结合起来,产学研结合,开展课题研究。精品课程建设的目标是建设成具有一流教师队伍、一流教学内容、一流教学方法、一流教材、一流教学管理等特点的示范性课程。精品课程建设是一个复杂的系统工程,涉及课程设置、教学设计、教学内容、教学方法、教育心理、教育技术和与当代社会实践相结合等很多方面的内容。精品课程建设能够引导教师将教学、科研有机结合,在课程框架内完成教学与科研。在研究中教学,在教学中研究,既有方法的探索,又有理论的升华,还有实践的应用。高职院要重视院级科研项目的开发管理。院级项目的设置门槛低,与教师的教学紧密相连,有利于提高教师的参与积极性。要以院级科研项目为基础,整合教师队伍,形成科研团队,积聚科研实力,这尤其对青年教师的成长提供了很好的发展平台。通过一段时间的实践积累,汇集一定的科研成果,为后续申报高一级课题打下基础。

以校企合作建设为平台,提升教师的社会服务能力。在校企合作的人才培养模式中,企业是学校生存的依靠、发展的源泉,而学校则是企业发展的人才库和技术革新的思想库。学校根据企业的人才培养规格要求开发课程,使职业标准与课程标准有机结合,为企业提供理论咨询、职工培训、技术改造等方面的服务。企业为学校提供必要的资金支持、"双师型"教师人力资源开发、学生顶岗实习等服务,使校企双方的人力资本都得以增值,是一种双赢模式。学校要提供制度保障,促使教师到企业实践锻炼,了解企业的生产组织方式和实际工作流程,体验岗位职责和企业文化,把握企业用人标准和专业岗位群的具体要求,不断完善教学方案,提升实践教学能力。利用校企合作培训基地,充分发挥学校和企业的人力资源优势。一方面,从企业聘请既有丰富工作经验又有扎实理论基础的高级技术人员或管理人员到学校做实训指导教师;另一方面,鼓励教师参与企业的技术革新、产品开发、管理服务等,将科研成果转化为产品,将教师的隐性价值转化为显性价值,满足自我价值的实现,这有助于有效控制日益严重的职业倦怠所带来的教师人力资本的损耗。

重视各类培训效果评估,促进培训成果转化。高职院在评估一个培训计划或项目的效果和效益时,可参考柯卡帕切提出的"四标准":① 学员反映。即评价受训教师对整个培训过程的意见和看法,包括对培训内容、讲课教师及主持人的水平、培训方式、时间安排、环境设施等各方面的反映。② 知识标准。即受训教师通过培训学习所获得的有关工作原理、技能、程序、态度、行为等方面的知识。③ 行为标准。即培训过后受训教师返回工作岗位的行为变化，主要是指工作中的行为表现和工作绩效，通常都是良性的变化。④ 培训成果。即培训的投资回报，培训活动的开展对学校及工作环境产生的影响，包括学生及家长对教师的投诉是否减少、学生的成绩与技能是否得到改进、教师流动是否减少、教师满意度是否增加、录取率是否提高、新生质量是否上升、教师收入是否增加，等等。这四项标准可以从不同侧面、不同层次提供培训信息，对培训工作进行检测，从而发现培训工作中存在的问题。同时，高职院应积极提倡将培训成果运用到工作中，并奖励运用较好的教师，关注新的受训教师，与他们讨论如何将培训成果运用到工作中。只有通过不断的实践、应用、反馈，培育出支持培训成果转化的工作环境，才会对教师有所触动，并促使其对以往的工作方式进行反思，唯此才能真正将培训成果储存起来，并在今后的工作中有效释放。

值得注意的是，高职院教师的人力资本是一种交易的对象，其使用者总是希望在交易过程中以最小的成本获得最大的利益；而供给者即人力资本的所有者，总是希望在交易中获得与其资本价值相匹配的报酬。人力资本的拥有者是人，因而具有能动性特征，双方合约形成后，所有者的存量资本转化为现实资本的量必须达到合约的约定，但所有者能否更多地把存量资本转化为现实资本则完全受控于人力资本的所有者。所以，只有教师自身具有增加人力资本以及将人力资本由存量资本转化为现实资本的主观能动性，才能最大限度地实现人力资本增值和实现人力资本所有权向使用权的转移，这就要求高职院教师在职培训的任何措施都必须保护和调动教师的积极性。

# 第二节 终身教育理念下高职院双师队伍建设研究

## 一、终身教育

1965年,联合国教科文组织成人教育局局长保罗·朗格朗最先提出"终身教育"的概念。1972年,联合国教科文组织建议把终身教育作为各国今后制定教育政策的主导思想,这是第一份提出终身教育理念的国际机构文件。终身教育是人在一生不同阶段所受各种教育的总和,是人所受不同类型教育的统一综合。其主导思想是:人只有在一生中利用各种机会更新、深化和充实所获得的知识,才能使自己更好地适应社会的快速发展。终身教育的特征是终身性、普遍性、主体性、灵活性、整体性和多元性。

1976年,美国国会通过了《终身学习法议案》,并将其作为《高等教育法》修正案第一节的B部分予以实施,由此诞生了美国《终身教育法》,体现了法治化的内涵[1]。德国对终身教育的重视和推动始于1970年,当时德国教育审议委员会制订了《教育制度结构计划》,明确提出终身教育的概念,并指出终身学习是社会、科技与经济发展的关键因素[2]。日本在1988年由文省部设立了终身学习局。为完善终身学习体制并保障终身学习机会,日本于1990年颁布了《生涯学习振兴法》,从而逐步建立起终身教育发展的政策框架与体系。为共同推进终身教育事业,日本政府、民间及学术界都积极参与其中。

我国于1993年才首次将"终身教育"写入政府文件。党的十七大报

---

[1] 吴遵民,国卉男,赵华.我国终身教育政策的回顾与分析[J].教育发展研究,2012,32(17):53-58.
[2] 周小粒,王涛.美、德终身教育现状比较研究[J].武汉大学学报(人文科学版),2006(4):520-524.

告明确提出,要建设全民学习、终身学习的学习型社会。2010年印发的《国家中长期教育改革和发展规划纲要(2010—2020年)》(简称《纲要》),再次重申了建立完备的终身教育体系的重要性。相比发达国家完善的终身教育体系,我国的终身教育不仅要靠政府的高度重视、强大的经济和理论支持,还要依靠社会力量,同时要摒弃"只有学校教育才是正统教育"的学习观念。

## 二、终身教育与高职教育

1999年,在第二届国际技术与职业教育大会上发布的《联合国教科文组织21世纪前十年计划》指出,要加强技术和职业教育与培训,将其作为终身教育的一个重要的内在组成部分;技术和职业教育与培训要面向可持续发展;要提供全民技术和职业教育与培训[①]。在2013年12月召开的高等职业学校提升专业服务产业能力经验交流会暨全国高职高专校长联席会议2013年年会上,教育部原副部长鲁昕明确指出:"把职业教育摆在与平台教育同等重要的地位,系统构建从中职、高职、本科到专业学位研究生的人才成长'立交桥'。"由此可见,职业教育已成为终身教育体系的重要组成部分,而作为职业教育体系中的高职教育,在终身教育体系中发挥了积极作用。高职教育不仅推动了高等教育大众化,为终身教育提供了学习场所,而且高职教育"以能力为中心、以就业为导向"的关键能力培养,将为终身教育打下坚实的基础。

在科技迅猛发展的背景下,根据终身教育理念的内涵,高职院的教师只有努力接受新知识和新技术,不断提高自身素质,才能紧跟时代的步伐。同时,随着生源结构的日益多样化,教师还要及时调整自己的教育理念和教学方法。教师要具备终身学习的能力,这既是社会发展对人的要求,也是教育变革对教师职业角色的要求。

---

① 贺修炎.终身教育体系中的高职教育[J].教育研究与实验,2009(4):53-57.

## 三、高职院"双师型"队伍建设的问题

"双师型"概念自从 20 世纪 90 年代初提出以来①,其内涵得到深层次挖掘和延伸。1997 年召开的全国首次职教教师队伍建设工作座谈会强调,师资工作要"以建立双师型师资队伍为重点"。这既能增强学校的核心竞争力,又能满足培养高技能人才的内在需求。

此后的十几年间,"双师型"的内涵不断发生变化。作为国家示范性(骨干)高职院建设单位,南京信息职业技术学院在"双师型"概念的基础上,对其进行了扩展,即"双师素质"。在骨干建设过程中,南京信息职业技术学院进一步完善了"双师素质"教师的培养途径,以更好地探索"双师结构"专业教学团队建设新模式。然而,高职院的"双师型"队伍建设仍存在不少问题。

### (一)教师实践技能缺乏

这些年来,国内高职院在大力发展过程中,受客观条件所限,从企业引进的实践经验丰富的技术人员并不多,教师主要来源于应届毕业生。这些新入职教师虽然具备较强的理论功底,但实践技能相对缺乏,与具有丰富实践经验的企业技术人员相比存在较大差距。发达国家的职业院校教师通常在入职前要经过严格的专业资格培训和职业教育理论进修,这样的教师方可从事一线教学。很多发达国家还要求"双师型"教师必须具有至少 5 年的职业工作经历②。

### (二)培训效果难以考量

为了全面推进"双师型"队伍建设,各高职院积极参与上级部门组织的"双师型"培训,并鼓励教师深入企业进行企业实践。在"双师型"培训或企业实践结束后,教师取得培训合格证书或提交企业实践考核表和实

---

① 易玉屏,夏金星.职业教育"双师型"教师内涵研究综述[J].职业教育研究,2005(10):16-17.
② 林杏花.国外高职"双师型"教师队伍建设的经验及启示[J].黑龙江高教研究,2011(3):59-61.

践总结。培训效果只能用证书或总结的方式来表现,参与教师在实践能力上有无提高、提高了多少等都是未知的,难以准确考量。以下事实具有相似性:当前,我国高职院毕业生有相当一部分经过了正规高职教育,通过了职业技能鉴定考试。然而,用人单位却抱怨,他们的动手实践能力并未达到岗位的要求。

（三）政策导向

各类先进或优秀评选、工资补贴等没有充分地向"双师型"教师倾斜。在高职教师职称评审中,还没有将教师的专业实践能力量化为职称评定的重要参数,归根结底还是重论文和课题、轻专业实践。即使教师有很多有分量的专业实践获奖或指导学生获奖,也不能代替论文和课题,这在一定程度上削弱了教师对技能训练的积极性和自觉性。

## 四、终身教育理念下高职院"双师型"队伍建设的措施

（一）政府层面

政府支持。为贯彻落实纲要精神,加强职业教育"双师型"教师队伍建设,教育部、财政部联合下发了《教育部、财政部关于实施职业院校教师素质提高计划的意见》(教职成〔2011〕14号)。"十二五"期间,国家组织45万名职业院校专业骨干教师参加培训,其中,中央财政重点支持培训10万名,省级培训35万名,以提高教师的教育教学水平,尤其是实践教学和课程设计开发能力。

为了配合教育部、财政部培训计划的顺利实施,江苏省出台了《江苏省教育厅、江苏省财政厅关于"十二五"期间进一步加强职业院校教师培训工作的意见》(苏教师〔2012〕35号)。江苏省计划"十二五"期间每年组织4 000名高职院教师参加相关培训,培训项目包括学科专业带头人高端研训、骨干教师提高培训、青年教师企业实践培训、培训管理者专项培训、国外培训等。

完善相关政策法规。第一,高职院的教师虽然大都承担了较为繁重

的教学任务,但是,为了评职称,他们又不得不将大量精力放在科研上,专业实践能力得不到有效锻炼。因此,高职院教师专业技术职称评审应改变目前职业教育中存在的"重论文、轻教学,重研究、轻应用"的局面,适当降低科研能力要求,相应提高专业实践能力要求的比重,真正发挥职称的导向和激励作用,充分体现职业教育"双师型"教师的特性[①]。第二,高职院的教师进行企业实践时,如果不是项目合作开发,大部分企业并不欢迎教师进行调研或锻炼。所以,政府应充分发挥相关企事业单位在师资培训中的作用,鼓励这些单位参与职业教育师资培训。同时,对高职院以及教师、承担培训的机构及相关行政部门等各方,都应制定出其应当承担的法律责任和义务以及相应的单项条款和实施细则[②]。

(二)学院层面

学校重视。职业教育是终身教育体系的重要组成部分,高职院为受教育者提供的教育应该特别注意培养其对经济发展的反应能力和适应能力。所以,高职院要制定切实可行的教师终身培训制度,以市场为导向,在专业设置、课程开发、就业推荐、订单式培养、教师和企业员工交流培训、项目合作开发等方面,积极与企业展开深度合作。只有学校联合企业搭好了舞台,教师才能在这个舞台上尽情施展才华,为受教育者提供更好的培训。

完善鼓励措施。学校应制定相应的政策,鼓励、督促教师参加各种培训和进修。南京信息职业技术学院自 2006 年人才培养工作被评估为"优秀"、2008 年被评为江苏省示范性高职院、2010 年被确定为国家示范性(骨干)高职院建设单位以来,非常重视"双师素质"教师的培养工作,每年都花大量的财力、物力鼓励教师参加各种进修或培训,如学历学位

---

[①] 邓桂兰.高职"双师结构"师资队伍建设研究:基于终身教育理念下的思考[J].当代职业教育,2012(8):71-74.

[②] 王宝泉.高职院校双师素质教师队伍建设探析[J].中国成人教育,2009(15):69-70.

进修、江苏省组织的培训项目、职业(执业)资格考试培训、企业实践等。在参加进修或培训期间,南京信息职业技术学院都会给予相关教师经济支持或减免工作量。随着南京信息职业技术学院这几年的快速发展,教师专业素质的不断提高,学院每年都对专任教师进行一次"双师素质"认定。目前,南京信息职业技术学院的双师队伍建设已经取得显著成效,现有专任教师419人,"双师素质"教师365人,"双师素质"教师比例达到87.1%,计划在骨干建设验收时,"双师素质"教师比例将达到90%以上。

(三)教师层面

提升职业道德修养。"双师型"教师必须具有良好的职业道德和就业精神。刚成年的大学生,其世界观、人生观和价值观尚未定型,教师的言行举止对他们"三观"的形成具有很大的影响,这就要求教师要具备良好的职业素质。南京信息职业技术学院在示范性(骨干)院校建设过程中,人事处负责实施建设的"以'校企混编'为特色的双师结构队伍建设"项目,其中一个子项目"教学能力提升工程"的具体实施办法是:每年督导办公室都会组织一批青年教师进行培训,包括师德师风、教学基本功、督导听课、名师座谈、教学沙龙、校本研究、优秀评比等。目前已举办四期,基本覆盖了全部青年教师(包括所有非"双师"教师),极大地提高了青年教师的职业道德水平和教学水平。

树立终身学习理念。教师不仅是知识和技能的传授者,也是新知识和新技能的学习传播者。随着科技、教育的迅速发展,教师应充分认识到,继续教育的目的在于提高自身的综合素质。所以,教师应树立终身教育理念,成为终身学习的先行者,主动汲取新知识,不断学习新的教育理念,提高自身专业素养,培养自己的知识学习能力和应用能力。在具体的工作中将理论与实践相结合,将知识、技能有效地传授给学生,真正做到传道、授业、解惑。

高职院在发展过程中,越来越重视"双师型"队伍建设。在终身教育理念下,只有政府、学校、教师三方各尽其责,"双师型"队伍建设工作才能更有效地向前推进。随着"双师型"教师的逐渐增加,如何更好地对这些教师进行激励、管理和考核,以发挥其最大作用,是值得深入思考和研究的课题,也为笔者的后续研究提供了方向。

## 第三节 双师素质背景下高职院青年教师激励机制的构建

本节以南京信息职业技术学院(以下简称"我院")为例,探讨青年教师的激励机制,以更好地激发青年教师的工作积极性。

### 一、高职院青年教师现状分析

#### (一)青年教师比例高

高职院为了增强自身的师资力量,近几年引进了大量应届毕业生。我院在2004—2006年共引进227名青年教师。华中科技大学教育科学研究院沈红教授通过调查发现:我国有近70%的大学教师年龄在40岁以下;而其他18个已完成同样调查的国家,40岁以下大学教师的比例平均只有36%。我院目前专任教师队伍中,40岁以下青年教师283人,青年教师比例为67.5%,与沈红教授的研究结论基本相符。

#### (二)业务素质有待加强

教师业务素质包括如下三个方面:第一,教育科学素质,包括教师的职业道德、教学组织和掌控能力、教学研究能力、运用现代教育技术能力、教会学生学习的能力、职业指导能力[①];第二,宽口径的专业素质,既掌握专业理论知识,又熟悉相关专业知识,了解学科的互相渗透、综合发展的趋势[②];第三,专业技能素质,掌握专业领域的操作技能,有较强的动手能力。在这三个方面,很多青年教师的表现都不够好,比如,教育科学素质。江苏省近几年高考录取率达到80%以上,生源质量相比以前有所下降。很多青年教师准备不够充分,对教学的组织和应对不够熟练,对教学规律和特点不能充分理解,同时跟学生交流较少,极少给学生以职业方面的指导,很多学生也不知道应该如何提高自己的学习能力。再比如,专业实践技能。青年教师通过认真备课,指导学生实验实训没问题,但专业实践性较强的项目,很多青年教师无法动手解决。我院电子信息学院、计算机与软件学院、通信学院等,每年都会组织学生参加大学生电子竞赛、职业技能大赛等省级和国家级赛事,每年都能获得国家或省级个人或团体一等奖,但指导学生参赛的都是个别有经验的老教师和少数青年教师,大部分青年教师专业技能水平有限,参与度不够。

## (三) 生活、工作压力大

首先,青年教师处在事业起步阶段,大都面临着来自家庭的压力如住房、养育孩子、照顾老人等。为了缓解这种压力,很多青年教师到外面代课、兼职,本职工作不能很好地兼顾,从而影响教学质量。其次,青年教师还要面对来自工作的压力。他们既要完成学院规定的教学和科研任务,还要协助辅导员完成学生管理等方面的日常工作,同时也要考虑学历提高、职称晋升、年度考核等方面的压力。对江苏某高职院200名青年教师进行的压力来源调查[③]显示,申请不到科研课题占30.4%,教

---

① 刘诚芳.高校青年教师专业素质培养的研究与实践[J].西南民族大学学报(人文社科版),2007(6):212-216.
② 肖化移,李禄华."3+2"职业教育师资培养模式的构想[J].职教论坛,2012(25):66-69.
③ 耿明健.高职院校青年教师成长环境研究:以海事学院为例[D].南京理工大学,2010.

学任务繁重占 30.1%,科研任务繁重占 25.2%,职称晋升(发表论文)难占 14.3%。

### (四)工作成就感低

青年教师普遍自尊心强,渴望获得理解、关怀和认可,希望能在一个轻松、和谐的人际环境中工作,但是其内心的情感困惑和压力往往难以得到排解。中国人民大学公共管理学院组织与人力资源研究所和新浪教育频道联合启动的"2005年中国教师职业压力和心理健康调查"显示,在所有被调查的教师中,有 68.2% 的人成就感低落(青年教师中比例更高),只有 8.2% 的人具有较高的成就感。近几年,房价高企、物价飞涨等因素也加剧了青年教师工作成就感下降的趋势。

## 二、青年教师激励机制的构建

国内对高校教师激励机制的研究,有的与职业生涯理论相结合[1],以实施教师职业生涯规划、建立长效培养培训制度、规范教师岗位聘任制为重点;有的与心理学相结合[2],从交易型激励和关系型激励两方面探讨激励青年教师的有效策略;有的与人力资本理论相结合[3],从以人为本、注重从差异性出发,给教师以充分的自主性和灵活性。易兰华[4]以湖南省10所高职院40岁以下的青年教师为调查对象,得出如下高职院青年教师激励因子重要性评价排序:直接报酬>个人发展>间接报酬>尊重认可>人际关系>工作氛围。经济收入和个人发展是教师队伍稳定性最直接的因素。高职院亟待构建科学合理的激励机制。

### (一)学院层面

物质激励。经济收入的高低被大多数人认为是自身价值的体现。

---

[1] 李晓明,鲁武霞.构建教师激励机制的制度途径[J].教育理论与实践,2010,30(6):37-39.
[2] 刘爱华,梅方青.基于心理契约的高校青年教师激励策略研究[J].理论月刊,2010(1):186-188.
[3] 王福泉.转型期高校教师激励存在的问题及思考[J].黑龙江高教研究,2010(5):62-63.
[4] 易兰华.湖南省高职院校青年教师激励现状调查与分析[J].职业技术教育,2010,31(4):28-32.

青年教师获得一份与其付出相应的报酬,是激励他们的一项重要因素。我院实行二级管理以后,二级教学部门建立了切实可行的评估体系,科学合理地评估教师的劳动成果,并依此进行奖励。评估结果作为年终考核的重要指标激励青年教师积极工作。同时,学院每年都会统计各二级教学部门教师的获奖情况,以对他们进行物质和精神双重奖励。目前,江苏省在职称方面仍采取的"评聘不分"的政策,不利于青年教师职称晋升。为了稳定和优化青年师资,激发他们在教学、科研方面的积极性和创造性,高职院可以探讨实施低职高聘制度。

精神激励。青年教师都希望在良好的工作氛围中实现个人发展、获得领导和同事的尊重。我院采取了以下精神激励措施:第一,学院加强了对青年教师职业生涯规划的指导,在职称和课题申报等方面给予有针对性的建议和帮助,为他们提供尽可能多的进修、培训等机会。同时,二级教学部门形成了良好的教学科研氛围,积极组建各种研究团队,鼓励表现优异的青年教师加入团队,帮助他们提高教学科研水平,为其职称评定和课题申报提供了平台支撑。第二,学院设立了院级基金项目,二级教学部门根据本部门青年教师的贡献,鼓励并支持表现优异的青年教师积极参与基金项目的申报,每年对在教学科研上有突出成绩的青年教师给予物质奖励。同时,每年选拔优秀青年教师参加国内外专业学术交流和专业技术培训等,通过实质性的激励措施满足青年教师的成就需要。第三,学院尊重青年教师的主体地位,关注他们的工作和生活情况,给予他们充分的信任、理解和尊重,鼓励他们通过教代会和每周三下午的院领导公开接待等渠道参与学院的民主管理,不断增强他们的责任感和归属感。同时定期进行青年教师座谈,倾听他们的建议,让他们切实感受到学院的关怀。第四,教学活动。学院骨干建设期间,学院教务处和督导办公室每年都组织教学基本功、讲课、说课、课件评比等比赛,青年教师的参与度很高。如果获得较好名次,对他们职称申报会有一定帮助。现在很多高职院都把评教结果作为考核教师的一项重要指标,青年教师尤其重视,因为评教结果会影响他们的职称申报和年终考核,从而对他们的心理带来一定的压力。所以,教务部门应充分考虑到参与评教的人数、学生素质等因素,以减轻教师的心理压力。第五,师德建设。学院每两年组织一次"南信之星"十大校园人物评选,以表彰德才兼备的教师。同时,学院人事处联合宣传部每年都会组织分院教师代表参加"师德师风"专题报告,激励青年教师提升师德水平。第六,定期开展丰富的校园文化活动,如乒乓球、羽毛球、趣味棋牌、书法、户外登山等,为青年教师沟通交流提供了机会,同时也能愉悦身心。

### (二)教师层面

绩效考核与教师职务晋升、工资待遇休戚相关。在学院实行绩效工资的前提下,为了自己的切身利益和个人发展,青年教师要保持良好的心态,积极乐观地面对工作和生活中的各种竞争和挑战;要树立终身学习理念,学习先进的职教理论,努力更新专业知识,积极参与本部门的教学和科研工作,在实践中不断完善自我。

## 第四节 高职院教师发展中心建设现状及趋向

为贯彻 2011 年教育部高等教育司相关文件政策,为教师提供个性化发展途径,促进教师教学能力和科研水平提高,我国各高校借鉴以往的师资培训模式,纷纷成立了教师发展中心。高职院教师属于广义上的高校教师。全日制普通本科高校的教师一般追求高层次的学术研究,强调专业学科知识纵深发展。高职院教师专业发展则更强调职业性,需掌握扎实的岗位实践技能,挖掘和传递隐性的技术能力。与本科院校相比,高职院教师发展具有一定的特殊性,不能照搬本科院校教师的发展经验。

## 一、高职教师发展中心现状

目前,教育部已经在 30 多所本科院校建立了教师发展示范中心。高职院也在近期陆续成立了教师发展中心,如江苏的南京信息职业技术学院、无锡职业技术学院、南通纺织职业技术学院等。笔者对多所高职院的教师发展中心进行了调研。与政府相关部门成立的教师发展中心不同,高职院成立的教师发展中心少了高层次的行政背景,利用天然优势构建本校教师喜闻乐见的温馨交流平台:通过名师指导、专题研讨会、沙龙等形式,组织教师对感兴趣的或有疑惑的教学研究项目、教学方式方法等进行探讨。在交流内容上,不是教育理论的简单说教,涉及主题大多轻松可感,贴近教学实践,如怎样吸引学生的注意力,如何减少学生课堂玩手机、睡觉的情况,怎样保护嗓音,甚至交流研讨新时代教师的体态语言、服饰装扮、健康养生、职业礼仪,等等。

培训模式多元化。高职的职业教育与本科的专业教育不同,前者有行业、岗位和技能特征,后者有学科、知识和学术特征。高职教师发展中心摒弃了以往教师培训中学历培训的成分,具有鲜明的实践培训模式。高职教师以往的培训一般由本科院校或教育科研院所的资深专家担任主讲师,多有涉及师范类教育教学课程,过分偏重理论知识学习。一个合格的高职院教师要掌握师范类教育教学课程、专业基础课、专业课和专业实践课。新入职的年轻教师大多从学校到学校,基本没有学习后两类课程,传统培训无法解决专业实践难题,有关实践课程的学习只能在校企合作中完成。有学者认为,传统课堂教学和培训与生产、服务一线所应用的最新知识、最新技术、最新工艺相比存在差距;传统课堂和培训的实践设备与生产、服务一线最先进的实际生产设施相比有一定距离;传统课堂上的专业课师资即使是"三师型"(传授理论知识、指导专业实践、促进学生就业创业),与生产一线技术专家、操作能手相比也不能同日而语,这些距离和缺陷,只有倚仗校企合作才能克服。针对教师培训的不足，教师发展中心扩展了教师实践培训模式，倡导职业院校、大学或教育科研院所、企业、行业、政府等多方合作，共同为高职教师创设各种有利于职业发展的环境，其中特别重要的是行业依托及政府的引导作用。

重视个性化服务。以往高职教师培训有中长期也有短期，内容多、频率高，但大多是由教育行政管理部门强行推出，教师没有自主选择的机会，没有系统规划，缺乏统一的专门化管理，所以存在一定的重复性，有资源浪费现象，呈现出效率低下的情况。高职院成立教师发展中心，有效整合各部门资源，对不同类型的教师不搞"一刀切"，根据员工不同背景提供丰富多样的差异化发展项目，教师可在此基础上自由选择。教师发展中心最大限度地激发了教师的主观能动性，凸显了教师发展的质量与特色，提高了项目的执行力和执行效能，增强了学校的凝聚力、公信力和向心力。国家骨干示范院校南京信息职业技术学院的教师发展中心就是以教师的内在需要为起点，关注教师的健康与生存、福利、论文发表、职称晋升等多个方面问题。教师发展中心关注教师的职业进步和福利待遇，承担着教师先成为健康的"人"，再成为高效的"才"的依托，关注教师心理健康，对新教师的心理进行测试，建立心理健康档案；开展自救与他救培训，对教师进行急救意识、知识、技能训练；邀请核心期刊主编参与"论文撰写咨询、投稿指南"沙龙，为高职教师发表高质量论文答疑解惑；项目聘请了一批本科院校的教授专家作为近年有晋升教授愿望的副教授的指导教师，为参培副教授提供一对一的个性辅导，以利于其早日顺利晋升职称。

培训方式多样化。以往的教师培训主要是单一的、封闭的、静止的教室内讲授方式。教师发展中心立足于校本培训、专家指导的形式，拓展开发了许多新的途径，将高职教师的职后培训引向多元、开放、动态培训，如工程训练、顶岗实习、指导实习、工程协作、科技开发等由浅入深、由低到高的流动的职业锻炼过程,主张通过行动研究促进教师技能提高,改进教育或培训的方式,弥补了以往一些标准化培训的缺陷,在对教师潜能的开发中渗透了一种"人人都可以成为教学专家"的目标追求,为高职教师的现实教育实践找到了一条切实可行的专业发展渠道。

挖掘以师为本的培训内容。以往高职教师接受的培训大部分是上级教育主管部门或培训机构规定的,培训的瓶颈在于高职教师教学和科研工作负担过重,导致教师对参加上级指定培训的愿望不强烈,主动性不高,不会自主地、实质性地深入学习培训内容,培训效果因此大打折扣。高职教师发展中心一般会通过教师座谈以及问卷调查的形式了解教师需求,有的放矢地制订培养计划。另外,高职教师发展中心旨在促进新任教师较快适应和融入职教岗位,也为老教师提高科研能力、晋升发展提供了平台和政策帮助。自下而上的方式有利于确定辅导帮扶项目内容,节约了高职院的投入成本,教师的参与度和热情也大大提高。

存在的不足。高职院教师发展中心是在批判和反思传统教师培训机制后创设的,是从"教师培训"到"教师发展"的战略转变,突出了教师职业提升发展的实践价值。高职院教师发展中心旨在实践层面促进教师在专业发展方面做出努力,不单纯强调教学技能,而是关注教师实践能力的提升,关爱教师的职业融入、稳定与成功。不过,现有的高职教师发展中心没有合理规划设计教师成长导航图,中心建设大部分处于自发阶段,经费来源单一,开发特色项目少,不能量身订制具体项目服务于所有教师,中心配置成员少且教学实践经验不足,缺乏有效激励政策,创业创新的职业指导理念尚停留在"需求侧"层面。

**二、高职教师发展中心未来趋向**

高职教师发展中心从最初的借鉴西方经验、模仿本科高校模式,到开始逐渐摸索适合自己的道路。但是,在高职教师的教学能力、职业实践、学术价值等认可制度尚未完善的社会背景下,力图促进职教质量提高的高职教师发展中心可谓任重道远。高职教师发展中心要关注高职与普通本科高校师资的"学术性"与"实践性"的差异化需求,围绕合理设计教师成长导航图、激励措施、顶层设计等方面量身订制服务项目。

近年来,随着中国高等教育从精英化到大众化的改变,高职院教师数量持续增加,年轻教师基数越来越大。高职院新加入的教师主要是从本科高校刚毕业的应届生,他们自身理论知识尚可,但缺乏专业实践和教学技能。还有些教师来自企业,学历偏低,自学能力与积极性不高,没有经过系统化教育教学理论培训和教学方法培训,导致教学技能不足,难以很好地将实践知识传授给学生。学校虽然对新入职教师进行了从业资格培训甚至入职考试,但一般侧重于理论灌输,由于时间和内容的限制,无法真正提升教师的教育教学技能。原有的教师培训是静态模式,难以记录高职教师在职业和专业成长过程中不断追求及提高的历程,因此也就无法从长远出发对教师的成长提供具有价值的引导。而教师发展中心可以为广大高职教师提供教学服务,通过制订一套行之有效、有针对性的系统训练方案,帮助教师规划符合自身实际的职业生涯发展道路,解决教育教学和科研中遇到的困难,提升教学技能与研究水平,提高工作积极性。教师发展中心从命名和实践上都体现了生涯发展规划,强调教师在专业发展的不同阶段、不同层面上因不懈追求和能力成长而更新历程,丰富和充实了单纯的教师培训内容。

1. 顶层设计教师发展中心的组织工作。顶层设计是宏观战略远景规划,是指从高端部门高屋建瓴、自上而下的设计。目前,高职院对教师发展中心的组织架构大都停留在中微观层面,少有组织制高点和高层把控。虽然有的高职院建立了校级直属的教师发展中心,或者将教师发展中心设置在人事或教务处等某个处级部门,并配置了专职人员,制定了机构方案。但很多高职院没有充分理解这个任务型组织的内涵和要求,对于教师发展中心的性质定位、工作重心、专家队伍配置等的认识比较模糊,有的中心成员数量严重不足,甚至参与其中的只是志愿者,中心的有效运作无法得到保障。资源配置不合理或管理失当问题制约了教师发展中心的职能发挥,导致教师的实际需求无法真正得到满足,使中心形同虚设。因此,对教师发展中心的组织工作进行顶层设计显得尤为必要,高层次的管理者对此不能虚位,而要站在顶层高度,从全局出发,把握中心的统筹谋划。

2. 扩大受益群体。目前,高职教师发展中心辅导项目还是大多来自早先的教师培训内容,在兼顾不同群体需求方面有待进一步提高。高职教师发展中心应当投入更多的人力和物力调查教师教学发展的实际需求,与时俱进地开设丰富多样的特色项目,充分考虑不同专业、兴趣、经历、资历的教职员工的要求。既要根据不同角色为教职员工提供建议和指导,也要为处于不同阶段的教职员工提供帮助和引领,如引导教师更有效地选择学术会议,帮助女性教师获得高职位,制作翻转课堂、微课,以及为从高校毕业的新加入教师提供进入企业观摩或带薪实习的机会等。

3. 多元化保障教师发展中心经费。据统计,美国两年制学院学校教师发展活动70%的经费来自本校的正常预算资金,15%或16%的经费由基金会提供或者联邦政府拨款。可见,校内预算是教师发展中心可持续发展的主要来源。我国高职院一要建立校内教师发展基金,作为教师发展中心活动经费的固定来源;二要向某些公益基金或校友会等组织提出申请,获得支持中心活动项目的经费资助;三要敦促教育主管部门在财政预算中确定教师发展中心运作经费的金额。有了多元化的经费保障,教师才能切实享受到发展中心的红利。

4. 教师发展中心应配备德高望重的一线教师和企业行家里手。教师发展中心一般不具有行政管理职能,而是主要为教师教学、科研、职业实践提供服务和政策支持。教师发展中心应多聘请来自企业的行家里手和学院来自不同学科领域的优秀教师,他们有着各自的专业特长和实践技能,可以服务和帮助不同学科背景的对象,能够熟练使用专业术语沟通交流、点评示范。他们优秀的职业责任感、专业权威性和引领示范作用,是教师发展中心成功运作的关键因素。

5. 制定匹配的激励措施。缺少合理、有效、具有吸引力的激励制度是以往高职院教师培训工作的短板。由于缺少匹配的激励措施,大部分教师参加培训的功利性强,比如为了涨工资或评职称、晋升等需求,而并非是为了完善知识结构、增强理论底蕴、提高教学技能和实践水平,以致培训工作轻过程重形式,许多培训是在"走过场",浪费了人力、财力,也收不到预期效果。教师发展中心应尊重、挖掘教师的个人发展诉求、专业背景、成长愿望,为其提供良好的教学研究环境和知识共享平台,创建自由、和谐、宽松、团结向上的组织氛围,培养组织认同感,激发工作积极性。高职院教师发展中心应积极制定配套政策,在校内资源供给、奖项评比和评优评先中,向一线的专任教师倾斜,突出专业实践引领,对贴近一线生产的教学设计和更新改造、与企业紧密合作的产品开发,尤其是服务于企业的技术应用和专利创新等研究项目予以重点支持,引导教师有效提高教学和专业实践能力。

6. 搭建将理论知识转化为生产力的教师创业平台。在"大众创业、万众创新"的时代背景下,高职院可以把创业作为提升教师实践技能的举措之一。新入职的青年教师大多停留在从书本到书本、从理论到理论的阶段,不过,受全民"微商"的影响,他们也有创业的激情和冲动。现今很多高职院创设了学生创业园,试图通过孵化器的形式对学生进行实践教育和实战演练。创业园一般聘请企业人员充当创业导师,但这些创业导师经常游离于教学状态之外,教学经验不足,随意性较大,而成熟企业的管理经验和大企业的成功案例又不适用于刚刚成立的小微企业,导致创业园教育教学效果欠佳。创新创业是教师参与社会实践的有效模式,由此,教师能够零距离自主深入企业一线,熟悉职业技能,探索实践规律。高职教师发展中心可以尝试为教师提供创业平台或孵化资金,从"供给侧"改革入手,鼓励教师将专业理论知识职业化、市场化,通过创设真实情境的教学环境,对接学生实践教学环节,开辟用理论知识创造社会和个人财富的良好途径。

## 第五节 自我效能视域下职业教育中工匠精神培育的探讨

### 一、自我效能理论

自我效能理论是美国著名社会学习理论的创始人班杜拉(A. Bandura)1977年在研究社会学习和社会认知理论基础上得到的逻辑产物,该观点认为人的行为和动机有一定的理智决定模式,属性上表现为三元交互决定论,即外界环境、他人行为以及个体表现等中介过程对自我思维、认知、评价等与人这个主体因素之间的交互作用。自我效能理论一经提出,就成为社会学界的热点问题,理论研究和实践应用的成果层出不穷,在创新和健康领域得到广泛应用,在学校教育方面也展现出了很强的实践价值。

自我效能理论研究指出,可以在以下三个方面培养自我效能感:首先增加自己对成功的亲身体验,自我效能感认为个体与在外界环境影响下产生的效能不是自己的无端推定,而是多次从事某一同类任务的亲身体会,直接经历是获得自我效能感的最有效方式,个体成功的经历自然会加大自我效能感,失败的遭遇会削减个体的自我效能感;其次是通过增加相似者经验,相似者或替代者的经历指个体通过观察与自己能力水平接近者的过程,总结推断自己处于类似的工作情境时,可能得到大致相当的成就结果；最后是增加言语宣传说教，指外界的说服和支持，他人的教导、解释及鼓励等，来提升个体的自我效能感。个体对自身能力的认知和判断在很大程度上来自他人和社会的评价，令人信服的评价来自有威信、有社会地位、对个体比较重要的人。班杜拉发现"无条件的主动积极关注"一般会增加个体的自我效能感，然而外部指导者的言语鼓励与个体的实际水平有差距时，最初可能会增强个体的自我效能感，随着时间的推移，个体的自我效能感急剧降低，所以言语的说教不是自我效能的必要条件，自我和相似者的经历是自我效能的促进条件。

个体行为活动的成果具有社会属性，其价值的高低依赖于社会的标定或认可，社会在各特定时期对不同的个体行为都形成了相应的世俗、历史的判定标准。精雕细琢、精益求精的制造行为，其本性有别于现如今"差不多"的社会流俗或思维定式，因而可能遭遇到种种负面的评价，创造个体经受暂时不被接受的失败挫折。在暂时失败的困难中追求精致、坚持"工匠精神"的个体，其创造的原动力来自他们强烈的自我效能感。因此，强烈的自我效能感不仅对个体具有适应价值，而且对社会流行耐心、执着、坚持的工匠精神具有动力学意义。

## 二、工匠精神缺失的主要原因

回溯中国千年的历史长河，无数独具匠心的手艺人演绎着中华民族的制造传奇，人们耳熟能详的鲁班是工匠的鼻祖，在浩如烟海的古代典籍中，许多能工巧匠和设计师的名字虽然罕见记载，然而作品和成就却让人至今都叹为观止。如今工匠精神的缺失是不争的现实，本文认为主要由以下几种原因造成：

### （一）历史文化的偏见

根植于中国人传统文化骨血里的儒家学说倡导"学而优则仕""万般皆下品，唯有读书高"。历史传统思想轻视技术技能，认为读书入仕才是正道。古时工匠地位低下，匠人们被归入"三教九流"，工作是奇技淫巧。

"劳心者治人,劳力者治于人"的政治伦理观依然浸染着如今许多人的择业理念,对工匠的偏见依然存在。

（二）社会主流价值观的急功近利

社会经济的发展给工匠精神带来了巨大挑战,尤其是在互联网技术的高速发展时期,网红发布一个点击量过百万的视频或一次直播,收入就远远高于普通工人的年收入,渴望成功的人对这种来钱快的赚钱捷径趋之若鹜。那些耐住性子、甘于清贫、几十年如一日做一件事情的工匠反被贴上"没出息""不成功"的标签。社会价值选择的功利化、道德利益化等危机乱象丛生。当前国人的急功近利与心浮气躁,造成当下顾眼前、忽长远,重数量、轻质量的产品粗制滥造,追求"短、平、快"的暴富心理、急功近利的社会氛围,个人、企业乃至整个社会的利益至上,让"工匠精神"与我们现代生活渐行渐远。

（三）经济体制和法律制度的不完善

中国的经济发展水平在相当长的时间内存在明显二元结构经济体制特征,基本国情决定着当前我国的消费市场领域奉行"价廉物美"的原则,充斥着大量的假冒伪劣产品。企业追求短、平、快的最大化利益,忽视了产品品质的灵魂,甚至有企业直接进行低端仿制。目前我国保护知识产权的法制不健全,生产经营者质量诚信缺失,制假售假屡禁不止。市场陷入"劣币驱逐良币"的无限恶性循环当中,企业丧失了精雕细琢、追求精致和创新卓越的激情,工匠精神的企业文化土壤荡然无存。

（四）职业教育理念和模式的不完备

职业教育在中国目前没有得到应有的重视。作为培养工匠摇篮的职业院校,在对工匠精神价值认知的教育中存在着教育理念不当和师资参差不齐的局面。职业院校在工匠精神素养培育中扮演着重要角色,但多以泛化的德育为主,其成果与成效的"因"并非是真正的工匠精神培养。究其根本原因,很少有职业学校对工匠精神培养进行系统组织和专门设计,人才培养方案中没有融入对工匠精神价值的认知,所以教育效果有待实证评估。

当前,许多职业院校的教师是大学毕业后直接参与教育事业,他们虽然拥有高学历、具备良好的知识能力与科研水平,但专业实践技能往往不如生产一线的高级技术人员。有职业院校能聘请企业内的技术专家或行业内的高级人才专家担任兼职教师,有流于形式的"客串",因为兼职教师毕竟不是专职教师,其讲课水平、授课方式往往不能被学生完全认同。全面培养职业院校学生的工匠精神,需要具备工匠精神的专业教师团队,根据钻研技术技能的经验和自身学习理论知识去言传身教。历史经验告诉我们,徒弟要跟师父学习一门手艺,一定是从小事做起,"一日为师,终身为父",师父以身作则,潜移默化地影响徒弟,技艺在手手相传、口口相授的"传帮带"中薪火不绝。职业院校现在的实际教学状况是学生和导师的接触、交流只有短短的校内上课时间,无法实现师徒之间的情感交流和行为感染。学生只学到了技能而没有传承到优秀的职业素养就不足为奇了。

(五)政府的政策扶持、监管不力

职业院校与企业合作是培养学生工匠精神的最有效方式,但政府层面一直未出台相应政策促进校企的有序合作。有效的政策可以激励企业为学生提供实训实习的岗位和机会。政府应当强调企业支持职业教育的责任与义务并使企业享受到相应的税收优惠,比如企业必须指派骨干技术人员担任学生实训实习期间的指导教师、有效提供给职业院校学生实习岗位和实习时长。

在当前的职业培训方面,政府部门的主导作用不明显、监管缺位,导致很多市场化的职业培训的乱象频出,无有效、规范的统一的制度规范可循。职业院校校内的职业教育,注重理论知识,并且常常都只是入门级的普适化基础训练,没有涉及实际工作岗位中需求的独立开发的实战化技能培训。职业院校对专业要求、技能标准的评判不尽相同,缺乏统一、权威的职业资格与技能等级认定。校企合作的校外技能培训中,合作方式、合作内容有些流于文件与形式,只有空壳,没有具体的实践。市场化的营利性校外培训机构良莠不齐,夸大事实的宣传和乱收费的负面新闻时有发生。

### (六)企业参与力度不够

实务中追求利益最大化的企业通常把培训学生视为额外负担,把实训实习学生当成无须交纳相关保险的廉价劳动力,损害学生的利益。职业院校没有根据专业特性选择合作企业和挑选企业指导教师的自由度,学生进入企业不要说工匠精神的培养了,在实操技能方面也并没有得到很好的指导。

校企合作连续性欠缺,学生实践培训的长度、深度、广度远远不够。当前职业院校校内实训或校外的企业实习,一般都只是短短的几周或者几个月,企业实习导师短时间的指导不能充分了解学生的特质,无法有针对性地训练学生技能、因材施教。经过短时间的实训和实习,学生仅学到了表面浅显的技艺,没有学到职业的精髓和岗位的职业素养要求,与工匠的技能相差甚远,对工匠精神的传承更无从谈起。

## 三、工匠精神培育的有效途径

自我效能理论认为要用外部环境、社会行为、个性主体三者之间的共同作用来解释人的认知学习行为。与传统的行为主义对学习的认识不同,自我效能认为人除了直接学习外,有些社会行为是替代强化学习,即可以通过观察进行间接学习。依据研究结果可以推断,自我效能感应用于工匠精神的培育,就是从业者对自身拥有的技能和职业表现符合社会主流价值观"能工巧匠"或"工匠精神"的自信强度,体现出从业者有能力影响所处环境并且通过相应行为获得成功的信心。在面临更加动态、复杂的多变不确定性环境时,自我效能感是从业者开始练习直至获取成功的先决条件，也是影响个人职业可持续成长的最为显著要素。自我效能感可以通过外部引导、实践训练和观察替代得以提升，从而有助于从业者有效克服外部环境给自己带来的技术制度与环境障碍及心理焦虑。自我效能理论认为社会环境、政府政策、自身和替代（能力相当者）实验者的交互作用能有效提高工匠精神的培育效果，本文认为需政府、行业、学校、企业等各方聚集优势，协同培育，共同发挥作用，具体总结如下：

（一）营造尊技崇匠的社会氛围

自我效能理论认为社会环境因素对个人的成功影响程度较大，所以要培育工匠精神首先要构建尊重技能、崇尚工匠的社会环境。一方面，新闻传播媒体要多播放弘扬工匠精神的纪录片，发挥名匠的榜样示范作用，在潜移默化中营造对工匠高级技术工人的敬仰与尊敬的社会风气，个体会因自己所掌握的专业实践技能对社会的贡献度而为之自豪，为不断潜心钻研新知识、新技能而有高度成就感。社会对于工匠的高度肯定和工匠精神的核心价值观的构建，能够激发人们追求精湛技能的热情和兴趣。

（二）完善社会分配和法律制度

三度被写入政府工作报告、新时期被重新叫响的"工匠精神"，让"尊重劳动、尊重技能"的思潮被提到了前所未有的高度，但社会氛围的改变不是一朝一夕的事。大力培养工匠，不能仅仅停留在口头上，舆论偏向和道德感染的长期作用是有限的。良好的社会环境的营造强烈依赖于工匠受社会尊重和自身物质文化需要得到满足之后的现身有效说法。工匠的社会地位和薪酬福利待遇的提高有待于当前激励机制、薪酬体系、人才评价模式的转变和完善。工匠精神的普及和认同建立在技术人才步入中等收入阶层、大国工匠进入高薪（甚至高于公务员薪酬）的基础上，当技能人才有了坚实的物质保障、无后顾之忧，潜心钻研于技术改造工作中，更多的大国工匠才会不断涌现。

工匠精神的维护和弘扬应该是德治与法治双管齐下,严刑峻法有时不失为一种有效的方式。当人们的道德意识没有达到相应的高度时,需要管理部门施展法律的魔力维护工匠们的社会地位和群体权益,用法律的刚性去打击假冒伪劣和粗制滥造的丑陋,让工匠们的精雕细琢大行其道。严刑峻法从制度层面保护工匠们在钻研技术或者创新管理过程中取得的专利权和知识产权,有力保证工匠们心无旁骛地钻研、创新技术,让工匠们从自己的坚守打磨中,收获"社会地位"和"物质利益"的双重价值。在生产技术管理方面,国家要成立国家级标准化的权威组织,制定严格的行业生产标准和质量认证体系,规范标准化生产和技术,把对产品质量的追求放在生产的核心位置,从而在制度层面保障了工匠精神的生存。

(三)优化职业教育的人才培养模式和理念

职业院校对学生思想上的工匠精神的培育,切忌泛泛而谈和教师满堂灌、学生被动习得现成的教学模式,以学生认知接受能力为尺度,将匠心教育贯穿融入日常课程学习之中,让学生从国家、社会和个人不同层面理性认知、体会工匠精神对于振兴实体经济、修身齐家的现实意义:可以通过思想政治理论课与创业创新、就业指导类课程,结合具体的案例向学生传输正确的职业价值观念,合理规划自身的职业生涯;还可以开展工匠精神专题教育活动,通过组织学生观看相关陈列会、纪录片以及召开座谈会的形式内化工匠精神为个人的职业理念和价值追求。工匠精神应当融入专业课程的实践教学中,专业课教师要在专业实训、顶岗实习过程中的每个细节中渗透工匠精神,要学生不断亲身体验、磨炼技艺、坚持专注,在实践中形成精益求精、精雕细琢的职业习惯。学生要自己动手从各种渠道收集技能岗位上楷模的事迹资料,结合自身专业,了解具体专业岗位应具备的职业技能素养及其成长轨迹,通过细节的教育,增加学生技能成才的自我效能,鼓励学生自觉、自信成为未来"工匠精神"身体力行的实践者。

工匠精神技能培养所涵盖的专业课程经常涉及多种行业,所以职业素养的培养和实践技能的创新是一个综合的教学体系。专业课程要根据行业和职业领域选择相关内容,不仅有利于学生掌握职业技能,而且有利于他们钻研专业知识和锻炼实践能力。专业课程教学过程中教师或企业导师要以身作则,起到带头作用,为学生树立职业榜样,效仿工匠,做到先育人再教人。学生是知识获取的"亲历者"和"实践者",不能仅仅是"旁观者"。教师要将工匠精神渗透于专业课程教学,融入每个细节中,弱化传统教学中过于宏观和笼统的问题,细化强化实践动手环节,培养精致严谨的职业习惯。苛求细节的坚持能强化学生的工匠意识,在工匠理念的驱动下培育良好的职业行为和职业习惯。

### (四)政府健全完善技能人才学历提升机制和保障政策

职业教育没有很好的学历上升空间,是其没有在我国社会主流价值观中被广泛认可的主要原因。普通高等教育有本科、硕士研究生、博士研究生学历等晋升渠道,但职业教育大专以上几乎没有学历上升的空间,所以政府层面要完善当前的实践技能型人才的学历上升评价体系。德国和瑞士等国家将学历学位与职业资格证书等值、互通互融的教育评价政策体系是我们可以借鉴学习的地方。在德国,获得一定程度的职业资格证相当于同等高等教育的学历学位教育,这一举措给职业院校的学生创造出良好的发展空间。技能人才学历上升渠道畅通后,职业院校学生就不再低人一等,社会对职业教育的认可度自然就会提升。

### (五)企业深度参与职业教育

企业是孕育工匠精神的摇篮。政府应该出台更加积极的政策,鼓励企业深度融入职业教育、培育工匠,给企业参与职业教育提供切实的福利。政府应该允许企业将参与职业教育培训所发生的费用支出、支付给实习学生相应的实习报酬进行所得税前抵扣甚至加成抵扣(类似当前研发费用的加成抵扣）；鼓励企业指派有经验的师傅带领学生参与岗位实践工作，潜移默化地去影响学生。校企双方根据具体的职业岗位制定人才培养方案。企业应该充分保证学生的实习时间长度与实习的连续性，让学生系统地掌握和强化产业链知识与相关的实践技能。有了实践的长度和强度，学生才能感知工匠精神的魅力，同时不自觉地接受高技能人才工匠精神的熏陶。

经济、社会的发展需要大力弘扬工匠精神，中国才能由"中国制造"迈向"中国智造""中国创造"。我们要鼓励各行各业，重拾工匠精神，提升整个社会对职业教育的认可度，只有这样，工匠精神才能重现应有的光彩。

# 第六章　工匠精神视域下的高职院"双师型"教师专业素质的培育模式

## 第一节　建立师德引领的"双师型"教师专业发展制度

《深化新时代职业教育"双师型"教师队伍建设改革实施方案》(教师〔2019〕6号)指出,健全德技并修、工学结合的育人机制,构建"思政课程"与"课程思政"大格局,全面推进"三全育人",实现思想政治教育与技术技能培养融合统一,弘扬职业精神、工匠精神、劳模精神。高职院要以工匠精神为灵魂,着力打造高素质"双师型"教师队伍。作为坚守专业梦想,深耕专业前沿,敢于突破传统,善于推陈出新,传承践行工匠精神的重要力量,高职院"双师型"教师承载着培养具有工匠精神的高技能人才的历史重担,如何培育"双师型"教师专业素质并构建相应模型是当下的研究热点。笔者结合学校在江苏省高水平高等职业院校建设及中国特色高水平高职学校建设过程中的一些典型做法构建高职院"双师型"教师专业素质的培育模型。

1. 为深入贯彻习近平新时代中国特色社会主义思想,落实立德树人根本任务,弘扬新时代高校教师道德风尚,进一步加强学校教师职业行为监察监督,规范教师履职履责行为,提升教师思想政治素质和职业道德水平,学校制定了《教师师德失范行为处理办法》。其主要内容包括:新教师入职时强化师德师风教育,使每位新入职教师知准则、守底线,增强使命感、荣誉感;定期开展全校范围的师德师风建设活动,有效提高教师职业道德水平和职业素养;构建学校、教师、学生、家长和社会多方参与的教师职业行为监督体系;党委教师工作部与各党总支、直属党支部建立定期与动态相结合的交流研讨机制,及时准确掌握教师职业行为动态信息;建立教师职业行为网络舆情分类及快速反应机制,确保网络舆情处理全面、及时、有效;建立健全教师违反师德行为的惩处机制,规范教师师德失范处理程序;建立问责机制,对严重违反师德行为监管不力、推诿隐瞒,并造成不良影响或严重后果的,依法依规追究相关人员责任;在教师年度考核、职称评聘、推优评先、表彰奖励等工作中进行师德考核,实行师德失范"一票否决"。

2. 为进一步提升教师的专业实践能力、改善师资队伍结构,建设一支专业基础知识扎实、具有较强技术应用能力的"双师型"教师队伍,学校修订了"双师型"教师管理办法。通过以下 8 种途径,进一步规范"双师型"教师的认定:通过国家组织的专业技术职务考试或评审,取得与本专业实际工作相关的国家承认的中级及以上专业技术职务任职资格证书,如各相关专业工程师、工艺美术师、会计师、经济师等;通过国家组织的各类职业或执业资格考试,取得与专业相关的中级及以上职业资格证(含持有行业特许的资格证书及具有专业资格或专业考评员资格者)或执业资格证书,如计算机软件设计师、网络工程师、信息系统管理工程师、多媒体应用设计师、律师、翻译等;获得国家颁发的技师及以上等级的职业资格证;参与企业合作办学,接受企业专门技术培训不少于 3 个月,取得合作企业颁发的培训师等相关资格证书,并获得学校认定;近 5 年中有 2 年以上(可累计计算)在企业第一线本专业实际工作经历,或经学校批准,脱产到企事业单位实践学习、挂职锻炼,或接受专门技术培训累计时间不少于 2 年,并能全面指导学生专业实践实训活动;近 5 年主持(或主要参与)2 项校内实践教学设施建设或提升技术水平的设计、安装工作,使用效果好;近5年主持(或主要参与)过至少1项应用技术研究,成果已被企业使用,效益良好;经学校批准,结合教学实践,指导学生到相关企事业单位、实训基地进行实习,并完成企业实践任务,近5年内累计时间不少于2年的。

3. 为深入落实专业教师5年一周期的全员轮训制度,使得有3年以上企业工作经历或近5年累计有6个月以上企业实践经历的专业教师占比达80%以上,学校完善了专业教师企业实践管理办法。教师接受企业组织的技能培训,参加以企业实践为主的国家级、省级培训;以脱产形式到经学校认定的合作企业从事经营管理、专业实践,以承担横向课题形式到企业从事产品研发、技术创新及推广应用,了解企业的生产组织方式、工艺流程、产业发展趋势等基本情况,熟悉企业相关岗位职责、操作规范、技能要求、用人标准、管理制度、企业文化等,学习所教专业在生产实践中应用的新知识、新技术、新工艺、新材料、新设备、新标准等;参与企业经营管理、产品研发等工作,为企业提供各种技术服务;进一步拓宽教师培养途径,提高教师的专业技能和实践教学水平,加强学校"双师型"师资队伍建设,完善政、行、校、企协同育人长效机制。

4. 为弘扬工匠精神,加快学校高技能人才队伍建设,增强学校创新能力和服务社会能力,学校制定了技能大师工作室遴选及管理办法。技能大师工作室以专业或专业群为依托,以带徒传技、技术攻关、技术创新、技术推广、技艺传承等为目的,传承、创新、推广技术革新成果和绝技绝活。通过遴选校内外在某一行业(领域)技能拔尖、技艺精湛并具有较强创新创造能力和社会影响力、在带徒传技等方面经验丰富的优秀高技能人才,培养一批能改进企业产品工艺、解决生产技术难题的骨干教师和具有绝技绝艺的技术技能大师,指导学生参加技术技能、创新创业等大赛;参与产教融合平台、校内外实训基地建设,指导实训课程和教学资源库开发;积极开展科技创新和技术攻关,解决生产技术难题,挖掘传统工艺,进行传承和创新;总结、推广创新成果、绝技绝活、具有特色的工艺方法或生产操作方法,推动学校、行业企业技能人才队伍建设;积极承担或参与行业性、区域性技术培训,逐渐形成品牌效应。

5. 为加强学校专业群建设,搭建校企合作平台,深化产教融合,开展技术交流及补充高层次师资力量,学校制定了产业教授管理办法。产业教授通常为校企深度合作企业的技术专家、技能大师、行业精英、非物质文化遗产传承人等专业技能型人才,通过参与专业教研活动,协助二级学院做好专业规划与调研工作,参与制订人才培养方案,参与学校教学科研团队、教学资源库、教材建设,面向师生开设专业文化、科技发展、职业理念、管理技巧等方面的讲座,以导师身份指导青年教师或学生开展生产实践、技能竞赛、社会服务、科技创新等活动,推动所在单位与学校联合开展项目研究和科研攻关,联合申报各级各类科研项目,转化高科技创新成果,推动所在单位为教师或学生提供企业实践、毕业实习等平台,推进与学校共建产教融合平台,实施现代学徒制、创新创业教育等产教融合人才培养项目,更好地促进教育链、人才链与产业链、创新链有机衔接,推进学校产教融合人才培养改革和"双师型"师资队伍建设。

6. 为实现校企文化融合,优化"双师结构"专业教学团队,不断提升我院专业教师的"双师素质"和兼职教师的教学能力,学校修订了混编师资团队管理办法。依托学校和企业合作项目、共建的实体、产教融合集成平台,由专业教师与企业工程师共组混编团队,团队成员以合作项目或共建实体的效益为纽带,共同承担项目任务或实体业务,同时参与相关专业的教学建设和教学实施,形成紧密型的"双师"结构群体,按同一标准实施企业化管理和考核,通过优化专任教师进入混编团队的轮训机制,提供市场化服务,倒逼专任教师的技术技能"保鲜",保持与企业工程师的同步提升。通过优化团队中企业工程师参与教育教学的相关机制,保持其参与教学的深度和稳定性,在合作项目、实体业务运营中,实现人员互通、资源共享、利益双赢。混编师资团队模式对学校专业教师实践能力的提升和更新、企业工程师直接参与课程教学、兼职教师的稳定性、专兼职教师的文化融合等方面起到了实质性的促进作用,能有效提升学校双师结构专业教学团队建设的整体水平和层次。

7. 为提升学校国际影响力,加快具有国际视野、国际交流能力、国际竞争力的高水平师资队伍建设,学校制定了教师出境研修管理办法。通过选派高层次高技能人才、专业带头人、学术骨干、科技或教学团队负责人及从事新一代信息技术、人工智能、高端装备制造、新能源汽车、节能环保、数字创意等战略性新兴产业的骨干教师赴境外研修,了解和把握本专业领域最新发展和前沿动态,吸收境外高等教育优秀成果与经验,提高跨文化交流能力和外语水平。外派教师以课程学习或项目研究为导向,系统学习选定课程和教学方法,积极参与课程教学相关环节,提高自身教学水平;利用境外学术资源,为已(拟)承担的教学科研项目做好资料收集等工作;积极引进境外高校先进课程标准和国际通用职业资格证书,学习其先进的教学管理和学生管理经验;返校后结合本人研究方向,制定教科研发展计划,并根据专业群建设需要开设双语课程。

8. 为提升职业素质和业务水平,进一步规范教师培训进修管理工作,以适应新时代中国特色职业教育和中国特色高水平高职学校建设需要,学校修订了教职工培训进修管理办法。通过选派与从事的岗位、专业和研究方向一致,或符合专业群建设、教师梯队建设和工作岗位要求的教师,参加博士学位进修、国家级培训和省级培训、境外研修、国内访学、双师双语能力培训、职业(技能)培训、企业实践和各类业务培训,有效提升教师教学科研水平、双师双语能力、学历层次和管理能力。

## 第二节　完善"双师型"教师职前职中培养过程

### 一、完善"双师型"教师职前培养

目前"双师型"教师职前培养存在明显的唯学历倾向、职业技术师范学院培养模式学术化倾向、职业技术师范教育去师范化倾向、校企合作缺乏有效机制、入职培训内容单调等问题。为加强学校师资队伍建设，针对"双师型"教师职前培养缺位，学校近年来重点招聘具有3年以上企业工作经历的技术人才；通过构建符合教师全职业周期发展需求的全方位培养培训服务体系，为教师职业拓展提供高效优质的个性化服务；通过构建分类培养、分层推进的教师培养机制，按照专业成长"135"培养步骤，搭建青年专业教师1年入门、3年熟练、5年成为"双师型"教师的成长阶梯，以促进新教师向专家型教师的顺利转型。此外，学校安排新教师到实训中心"熟悉仪器"，动手掌握实践技能，参加校内"实践教学设施"建设或"实训室设备的设计与安装"工作，从入职第二学期开始承担学生实训指导任务。学校多措并举，进一步完善"双师型"教师职前培养体系，促进"双师型"教师尽快成长。

### 二、实施"技能名师"培养计划

学校修订具有跨界型、高水平"双师型"素质教师标准，健全"双师型"素质提升机制，制订高水平兼职教师遴选管理办法，建立以"双师型"素质、实践教学能力、应用技术研发能力、服务地方经济能力为导向的职称评审体系，将企业实践、专利申报和横向课题研究等作为专任教师职称评审的重要依据。依托行业优势，开展技术比武或技能教学比赛，将专任教师在比赛中所获奖项及在产教融合平台等取得的实践成果、研究成果、经济效益转化，作为专任教师"双师型"素质业绩评价标准，建立一支专业水平高、技能精湛、业绩突出的"技能名师"队伍,融合提升"双师型"教师的技能水平。

## 第三节 打造"双师型"教师能力提升平台

### 一、打造产业学院

案例一:携手中国质量认证中心,升级建设混合所有制性质的中认南信检测学院。围绕企业的真实生产环境,依托企业工程师和设备等资源,开展现代学徒制培养项目,建设智能产品开发、智能信息产品检测、光伏组件检测等7个DTIC(D:智能产品设计与制造,T:检测,I:检验,C:认证)教学工作坊,开展卓越人才培养行动。充分发挥中认南信检测学院在人才培养各个环节中的作用,建设一支"德高""学高""技高"的高素质教师队伍。借鉴TUV莱茵学院的教学组织形式和考核方法,借鉴香港职业训练局的资格框架,优化、调整本专业的核心课程,根据课程的特点采用多种教学方法,积极开展教学改革和创新,完成系统的核心课程教学资源开发。使用多种信息化手段,改革教学模式,鼓励、引导学生创新、创业,把创新、创业融入人才培养方案,将专业群建设成具有国际水准的优势专业,为检验检测认证行业提供人才、科研、服务支撑。与苹果采购运营管理(上海)有限公司、纬创资通(昆山)有限公司等企业合作,进一步探索多种形式的现代学徒制,推动"昆山学院""苹果A+雏鹰计划"等现代学徒制试点项目,实现专业设置与产业需求对接、课程内容与职业标准对接、教学过程与生产过程对接。优化创新创业人才培养体系,完善创新创业支持中心,打造创新创业教育工作链。组织学生参与各类创新创业竞赛、各类技能大赛、电子设计竞赛,提高学生的基本素质和专业能力。

案例二:与南京埃斯顿机器人工程有限公司和西门子(中国)有限公

司合作,升级建设混合所有制性质的埃斯顿机器人学院。深化与埃斯顿的合作,引入江苏华航威泰机器人科技有限公司等企业共建工业机器人智能化生产性实训基地,升级优化工业机器人零部件、整机展示中心、IRB虚拟仿真实训室,新建点焊和打磨工作站、机械加工智能生产线等实训室,打造以"示范展示、品牌销售、售后服务、系统集成"为主要功能的省级工业机器人4S中心(省级产教深度融合实训平台)。协同校企人才、设备、技术、业务资源共享,拓展平台社会服务能力,强化"产教双平台支撑,校企双主体育人"特色。依托平台,校企联合为工业机器人制造企业、系统集成企业、应用企业提供技术技能培训、技能鉴定与技术服务。以"系统认知、专项训练、综合能力提升、系统集成"为主线培养职业技能强、综合素质高,具有可持续发展能力、应用能力和创新思维的工业机器人技术技能型人才。打造具有"三师(教师、工程师、培训师)"素质的教师团队。深化与西门子、亚德客在教学仪器研发、生产等方面深度合作,依托江苏省产业人才培训示范基地和吴江经济技术开发区产业人才合作联盟平台,扩大社会培训规模,为促进企业调结构、转方式提供多方面的服务。开展工业机器人及智能制造技术培训,为开发区企业员工开展可编程控制系统设计师、电子设备装接工、电线电缆制造工、光纤检测工等工种的中级技师和高级技师提供培训。同时,学校继续扩大西门子PLC在南京地区高校的培训,为西门子客户群提供服务。开展江苏省制造业中小企业数字化转型升级从业人员培训。校企开发数字化制造、工业软件相关课程,引入工业实际项目案例,开发项目化教材。

案例三:与华为、中兴、新大陆等企业共建"5G+AIoT"(智能物联网)产业学院。整合"江苏省通信行业职业技能鉴定基地""中兴通讯客户培训中心""网络与通信工程国家级实训基地"等资源,制定教育部通信技术、电信服务与管理等专业教学标准和实训条件建设标准,升级信雅达企业培训园,打造区域共享型校企协同育人平台,建成服务全国的虚拟仿真实训平台。逐步扩大海外培训与实训基地规模,增加服务内容。与中邮建、华为等企业合作,向海外高校输出专业教学标准。基于"智能工匠工坊",依托"无线科技服务平台",以完成江苏省产教深度融合实训平台建设项目任务为契机,对平台进行持续建设和完善,优化平台与专业的互利共生机制。深入推进开展"四技"服务、社会培训、教育服务、对口支援等工作,组建"1＋X"证书(学历证书＋若干职业技能等级证书)认证中心,成为相关证书江苏省师资培训基地和区域考试培训基地。引入企业资源,开发 X 证书教材,增强本专业的社会服务能力,同时反哺教育教学,进一步提升专业辐射能力。

案例四:与新华三集团合作成立新华三人工智能学院。以"南信·阿里云大数据学院"和腾讯"互联网＋"创新创业人才培养基地为主要载体,建设阿里云技能培训中心,打造兼具技术服务、技术培训、实践教学、双创训练功能的产教融合实训平台,立足南京、服务江苏在校学生和在职人员的云计算、大数据职业技能培训与认证场所;建成 SaaS(软件服务化)应用开发实训室、前端应用开发实训室及阿里云大数据工程实训平台,腾讯"工匠工坊",满足专业群教学和实践教学改革需求的高仿真工作场景实验实训基地,形成产业协同创新、人才培养创新、应用科研创新、创业孵化创新的新型校企合作模式。以长三角人工智能产教联盟为依托,参与人工智能技术相关的企业行业标准的制定,建立"1＋X"培训中心与考试中心,开发课证融通教材和实训项目,开展大数据平台运维职业技能证书的培训与认证工作;组建混编师资团队,将企业标准和资源引入教学,共同实施项目化教学。

案例五:与杭州数梦工场科技有限公司合作成立南信·梦工场大数据应用学院。组建校企联合技术研发团队,开展大数据技术攻关和项目研发工作;打造面向华东地区的数据治理产学研服务中心,引入合作企业人工智能源厂商技术,面向长三角人工智能技术应用产业链,以服务长三角地方经济和人工智能助力产业升级为目标,为 AI 技术应用开发企业、下岗职工再就业、转业军人提供技能培训,同时为各领域的智能化升级提供解决方案;与南京 50 所公司共建"云计算技术与应用专业人才培养创新创业基地",开展师资培养、技能竞赛等项目,共同承担江苏省高等职业院校技能大赛云计算技术与应用赛项的组织工作,为大赛提供场所和设备,为参赛队伍举办赛事说明会、讲解赛事规程,为相关院校的云计算技术与应用专业的骨干教师提供技术培训,提高专业建设水平。

案例六:与吉利集团、百度合作建设吉利百度云智汽车学院。打造"吉利百度云智学院江苏培训基地"和"吉利汽车华东区域培训中心",为长三角地区中高职学生提供无人驾驶、智能网联等领域的技能培训,开展吉利产业链下游企业从业人员智能汽车职业素养提升培训;依托培训项目,校企混编师资团队,优化专业课程体系,合作开发新形态教材,提升人才培养质量,扩大专业影响力;与浙江大华集团、南京协同交通产业创新发展研究院、江苏旺诚集团共建智能交通研究培训中心,引入企业培训资源,组建混编师资团队,联合开发培训课程,共同拓展并交付轨道交通、智能交通、特种作业考证等培训业务。

案例七:与阿里巴巴(中国)教育科技有限公司合作成立阿里巴巴数字商业学院。共建阿里·南信产业数据研究中心,以商业数据报告、微报告、数据指数、定制化咨询等为核心,面向市场提供数据支持、内容运营、研究咨询、智能化工具、数字化传播等综合数据服务,提升行业企业整合营销能力,打造区域高端数据服务智库平台;共建数字商务产教融合基地,推进"多方协同、产教融合、双创贯通"的"数字+"高职商科人才培养模式改革,共建高水平混编师资团队,共同开发"理实一体"新形态教材,共建实战任务式在线教学课程资源,共建区域数字商务培训基地,培训区域企业数字化运营人员。

案例八:与福建网龙网络合作成立网龙 VR 应用学院。共建网龙南信虚拟现实技术培训中心和国家级教学资源库，服务江苏高职院虚拟现实专业教师教学实践和产业链人才培养培训；引入企业技术能手和能工巧匠，校企共组混编教师团队，开发数字创意专业群项目式教学，共同开展卓越人才培养各类竞赛。

校企合作共建8个产业学院，集聚校企双方优质资源，推进专业与产业深度对接，服务产业链紧缺人才培养和从业人员培训。依托产业学院，以校企协同育人为目标，优化双师结构，提升校企混编师资团队的规模与质量，推进教师和企业人员双向交流合作，以此带动专业群师资队伍建设，并引领、带动全校"双师型"教师专业素质的稳步提升。

**二、打造产教融合平台**

服务江苏"制造强省""网络强省"建设，对接区域产业转型升级需求，基于学校首创的产教融合UPD模式（与技术链上游企业群共建公共技术服务平台，为技术链下游企业群提供技术服务，同时为相关专业群提供实训基地、混编师资和就业市场），以专业群为单位，与行业领军企业合作，打造产教融合集成平台；进一步完善UPD模式的各项机制，包括推进平台的校企共同管理，完善产教一体化管理机制。推进设备、技术、业务等资源的互通互用、共建共享，完善资源互通共用机制；推进专任教师与平台企业工程师融合互促，完善校企人力资源共享机制；推进教学资源与平台业务的同步更新，完善技术服务反哺教学机制；着眼校企共赢，建立校企"资源互补、协同增值"的利益捆绑机制。依托产教融合集成平台，密切产学研合作，集成上游企业的先进技术，为技术链下游中小企业提供高质量的技术服务、技术研发和技术培训。集聚上游企业资源，为专业群提供多种技术、设备、师资和教学资源；汇聚下游企业群，为专业群提供充足的实训实习岗位和就业市场。

通信技术专业群与中兴通讯股份有限公司、南京第五十五所技术开发有限公司、江苏通信服务有限公司等合作，打造"ICT技术技能创新服务平台"。平台整合"网络与通信工程"国家级实训基地、"江苏省科技厅移动增值业务研发与测试服务中心""江苏省工业互联网人才实训基地"、长三角地区运营商(电信、移动、联通)、通信服务类企业(中邮建技术有限公司、中邮通建设咨询有限公司等)、政企网客户(国家电网等)等资源,为智能产业提供物联网、云计算、大数据、通信等方面的技术咨询、技术培训等服务。

与电子产品质量检测专业群与中国质量认证中心、江苏省无线电管理局等合作,整合升级现有的"中认南信实验室"、国家发改委产教融合项目"信息产品检测认证生产性实训基地"和省级产教融合平台"无线科技服务平台",打造中认南信产教融合平台,为国内外智能终端产品生产企业提供产品研发测试、方案设计验证、零配件检测、终端产品质量检测、认证检测、合格评定、设备监理、系统检验验收等检验检测认证服务,同时面向智能检测认证领域专业人员开展技术培训。

智能制造专业群与西门子、发那科、南京埃斯顿等智能制造技术链上游企业合作,升级现有的省级产教融合平台"江苏省工业机器人4S中心",打造智能制造技术产教融合平台。平台面向智能制造产业链技术技能核心岗位,覆盖智能制造技术核心要素,集成西门子智能制造数字化训练中心、发那科机器人培训中心、EPLAN智能电气辅助设计实训中心等资源,为江苏省制造业中小企业数字化转型升级提供数字化双胞胎技术、工业机器人应用技术、边缘计算技术等方面的技术咨询、技术培训服务。

智能交通专业群与吉利集团、南京协同交通产业创新发展研究院合作,打造智能交通产教融合平台。平台覆盖汽车智能网联、智能交通系统等技术领域,打造智能交通产教融合实训基地,为江苏量动信息、江苏金苏泽等智能交通系统集成企业开展智能交通技术研发服务,为江苏海岭、苏州高速等智能交通建设维护企业开展在职人员培训服务。

数字商务专业群与阿里巴巴、苏宁易购等企业合作,打造数字商务产教融合平台。平台集成阿里跨境电商综合实训中心、中网盈云商务中心、苏宁财务云共享实训中心、中国邮政智慧物流实训中心等资源,为长三角区域中小企业提供数字化运营、商务数据分析、智慧物流等方面的技术咨询、技术培训服务。

数码艺术专业群与网龙网络、南京纽扣科技、unity(中国)等企业合作,打造虚拟现实技术产教融合平台。平台覆盖虚拟现实技术全要素,融合5G和人工智能技术,集成网龙南信虚拟现实技术培训中心、网龙南信虚拟现实技术研发中心、unity全球认证考试培训中心等,围绕虚拟现实技术、增强现实技术、虚拟仿真技术等,为江苏省内虚拟现实、虚拟仿真中小型企业及高校同类专业提供相关技术咨询、技术培训服务。

学校建成运行稳定、绩效明显、产学研多功能的7个产教融合集成平台,有效支撑专业群"产教双平台支撑,校企双主体育人"人才培养模式的落实,为人才培养提供真实生产环境和实习实训岗位,为"双师型"教师专业素质的培养奠定基础。

## 三、建设"双师型"教师专业素质培训基地

学校依托产业学院开展高端产业和产业高端人才培训;大力承接江苏省"英才名匠"产业人才培育计划、江苏省"百千万"人才培育计划等项目;面向新一代信息技术、高端装备制造、新能源汽车等领域,开展工业机器人技术应用、大数据技术应用、VR技术、新能源汽车技术、智慧交通技术等培训。学校面向江苏吴江经济技术开发区、昆山经济技术开发区等辖区智能制造企业在职人员,开展数控机床、3D打印技术等技师、高级技师培训;面向中兴通讯客户企业开展售后技术培训。学校丰富江苏省首批产业人才培训示范基地功能,服务智慧江苏建设和产业转型升级;建立一支适应产业培训需要的、专兼结合的培训师资队伍;从专业群合作的中兴通讯、阿里云、埃斯顿机器人等龙头企业中聘请一批现场工程师、技术骨干作为现场教学培训讲师,专业群骨干教师作为专业课程

培训讲师;整个师资队伍负责培训方案制定、线下线上课程资源的开发、组织实施培训,为提升培训质量提供有效保障。

学校建设全国重点职业教育师资培训基地,围绕高职信息化教学及职业教育师资水平提升,积极承接职业教育国家级、省级师资培训,重点面向西部职业院校教师开展信息化教学设计、数字资源建设、线上线下混合教学等开展培训;对口支援新疆、青海、四川、内蒙古、西藏等中西部欠发达地区8所职业院校,帮助其开展专业建设、教师培训、学生实习就业等工作。

学校优化"双师型"教师培养培训基地建设机制,依托国家发改委批准的产教融合平台"信息产品检测认证生产性实训基地",培育校企合作机制健全、行业领先管理规范、培训配套条件先进、培训师资水平优良的"双师型"教师培养培训基地,着力培养一批能改进企业产品工艺、解决生产技术难题的"双师型"骨干教师;通过产教融合平台建设,优势整合、资源共享,发挥示范引领效应,辐射带动各个专业群不断提升"双师型"教师培养能力,把学校建成国家级"双师型"教师培养培训基地。

### 四、制定"双师型"教师生涯发展规划

1. 规划自己专业知识更新的长效机制

根据教师专业发展阶段理论,入职后的前几年,在适应了新教师身份后,随着教学经验增加,教师对教材内容越来越熟悉,教学技巧和课堂管理能力都有显著提升,但教学5~6年后,随着知识和教学方式的固化,教学水平会停滞或下降,有的教师会产生职业倦怠。克服职业倦怠的唯一方式即吸收新知识,边工作边接受教育,不断相互回归。这种周期性的循环,可使教师不断更新知识,更新教学方法,使教师的知识成为有源头的活水。

2. 补充最新的科研成果和教学方法

教师主动学习国家层面组织开展的关于高职教育学的前沿专项研究成果,追踪针对高职院"双师型"教师培养与培训相关的课程和内容,

及时补充针对自己所教授专业及其相关职业领域的专业教学论、教学法，以确保不仅具备通用教学论和教育心理学知识，还能掌握不同于普通教育的高职教育教学论、教学法。在教育知识学习形式方面，教师可参加国家级和省级职教师资培养培训基地的课程更新培训，也可参加职业技术师范大学组织的相关培训。

3. 规划社会服务能力

社会服务是高职院内涵建设的核心和外延发展的根本。"双师型"教师是社会服务能力的关键能力要素。"双师型"教师在日常教育教学工作之余，在学校场域之外的科技成果推广、企业技术研发、生产实践指导等方面，应认真规划提升自己的社会服务能力。例如：为企业、社会人员进行理论培训、咨询和技术指导；和企业技术人员共建创新团队，成立企业技术中心、工程中心，为企业聚集信息、技术，使企业紧跟国内外先进技术发展；充分认识到社会服务能力和教育教学能力相辅相成，发挥自己专业实践创新能力，带领新教师和学生组建创新团队，既服务社会又服务教育教学。

## 五、构建"双师型"教师学习型教学科研共同体

"双师型"教师要与其他任课教师、教师团体、专业教学团队、行业企业单位、社区和家庭等不同层面、不同类型的机构和主体建立不同深度的合作关系。这种多维立体的合作关系使"双师型"教师不再是单一的教育者，而是学习型教学科研共同体中的一员。这个共同体能大大促进"双师型"教师自己的专业教学科研实践。学习型教学科研共同体可提升"双师型"教师工作满意度。在这个共同体中，"双师型"教师一起工作，互相学习，彼此分享经验，教师参与其中的程度越高，学习水平提升越快，与其他教师的关系更融洽，更能提升自己的教学科研水平，也更能在集体智慧中体验到满足感。此外，学习教学科研共同体还能增进"双师型"教师对共同体的强烈融入意识，因为共同体中的"双师型"教师有共同的目标，对自己的教学科研现状进行反思提出问题，寻求新的教学

科研方法,对于从行业企业聘请的兼职教师来说,学习型教学科研共同体即是成功的导师,能促进"双师型"教师间更紧密、有效地合作,能鼓励"双师型"教师分享教科研方法,增加信任,共同促进参与能力的形成。

学校通过研究制定教师发展工作管理办法,汇聚校内相关资源,构建覆盖"双师型"教师全职业周期的培养培训服务体系,为"双师型"教师职业发展提供高效优质的个性化服务。建设线上线下相结合的"双师型"教师发展服务工作体系,建成用好网上教师发展中心,实时汇聚教师成长轨迹,构建"分层分类、精准对接"的"双师型"教师培养机制。开展教育教学能力提升"菜单式"服务,举办教育教学理念、优秀教学案例、教学方法创新、教材建设、课程思政等主题的培训研讨活动,开展专家咨询、教授讲坛、博士沙龙等教师发展服务项目,使教师发展中心成为教师职业能力提升的"加油站"。

## 六、提升"双师型"教师的反思能力

"双师型"教师专业素质提升一定要珍视教师原有的经历、经验、体验、反省,要在教师原有的经验及反省基础上进行反思和实践,实现实践知识、操作智能的重新建构,所以"经验＋反思"是"双师型"教师专业素质提升的最有效途径。"双师型"教师只有不断研究新问题、探究新情况、适应新环境,不断反思自己的实践经验、教育教学行为,才能促进自己提升知识水平、沉淀经历、增加经验、增强能力及提升专业服务水平。先进的高职教育理论也只有在教师个体与其自身具体职业实践情境和工作经验反思结合起来的条件下,才能得到有效运用。

"反思型"教师应树立终身学习理念,深刻反思反省高职教育内容和教学方法,倡导与时俱进的反思型、学者型、创作型教师时代形象,凸显"智慧"特征。通过自我批判、不断学习、深入研究,传递给学生的不仅仅是知识和技能,更重要的是培养学生的学习本领、创新精神和实践能力,培养、发展学生的创造性、适应性和自主性。

# 主要参考文献

**论著类**

[1] 习近平. 决胜全面建成小康社会 夺取新时代中国特色社会主义伟大胜利[M]. 北京:人民出版社,2017.

[2] 理查德·桑内特. 匠人[M]. 李继宏,译. 上海:上海译文出版社,2015.

[3] 老根. 中华传世奇书[M]. 北京:中国戏剧出版社,1999.

[4] (清)孙诒让撰;王文锦,陈玉霞点校. 周礼正义[M]. 北京:中华书局,1987.

[5] 梁启雄. 韩子浅解[M]. 2版. 北京:中华书局,2009.

[6] (宋)朱熹集注;陈戍国标点. 四书集注[M]. 长沙:岳麓书社,2004.

[7] 何宁. 淮南子集释(中)[M]. 北京:中华书局,1998.

[8] 钱穆. 中国历史精神[M]. 北京:九州出版社,2013.

[9] (明)宋应星. 天工开物译注[M]. 上海:上海古籍出版社,1993.

[10] (明)徐光启撰;石声汉校注. 农政全书校注[M]. 上海:上海古籍出版社,1979.

[11] 车文博. 心理咨询大百科全书[M]. 杭州:浙江科学技术出版社,2001.

[12] 朱智贤. 心理学大辞典[M]. 北京:北京师范大学出版社,1989.

[13] 黄希庭.心理学导论[M].北京:人民教育出版社,1991.

[14] 徐文峰.教师专业发展实践导论[M].北京:人民日报出版社,2015.

[15] 郭本禹,姜飞月.自我效能理论及其应用[M].上海:上海教育出版社,2008.

**论文类**

[1] 周明星,刘晓.现代职业技能的意涵、习得及其养成:基于隐性知识学习的语境[J].教育研究与实验,2008(3):53-56.

[2] 吴遵民,国卉男,赵华.我国终身教育政策的回顾与分析[J].教育发展研究,2012,32(17):53-58.

[3] 周小粒,王涛.美、德终身教育现状比较研究[J].武汉大学学报(人文科学版),2006(4):520-524.

[4] 贺修炎.终身教育体系中的高职教育[J].教育研究与实验,2009(4):53-57.

[5] 易玉屏,夏金星.职业教育"双师型"教师内涵研究综述[J].职业教育研究,2005(10):16-17.

[6] 林杏花.国外高职"双师型"教师队伍建设的经验及启示[J].黑龙江高教研究,2011(3):59-61.

[7] 邓桂兰.高职"双师结构"师资队伍建设研究:基于终身教育理念下的思考[J].当代职业教育,2012(8):71-74.

[8] 王宝泉.高职院校双师素质教师队伍建设探析[J].中国成人教育,2009(15):69-70.

[9] 刘诚芳.高校青年教师专业素质培养的研究与实践[J].西南民族大学学报(人文社科版),2007(6):212-216.

[10] 肖化移,李禄华."3+2"职业教育师资培养模式的构想[J].职教论坛,2012(25):66-69.

[11] 耿明健.高职院校青年教师成长环境研究:以海事学院为例[D].南京理工大学,2010.

[12] 李晓明,鲁武霞.构建教师激励机制的制度途径[J].教育理论与实践,2010,30(6):37-39.

[13] 刘爱华,梅方青.基于心理契约的高校青年教师激励策略研究[J].理论月刊,2010(1):186-188.

[14] 王福泉.转型期高校教师激励存在的问题及思考[J].黑龙江高教研究,2010(5):62-63.

[15] 易兰华.湖南省高职院校青年教师激励现状调查与分析[J].职业技术教育,2010,31(4):28-32.

[16] 赵志红.自我效能理论简述[J].培训与研究(湖北教育学院学报),2003(4):98-99.

[17] 姜大源.高等职业教育:来自瑞士的创新与启示[J].中国职业技术教育,2011(4):27-42.

[18] 潘建红,杨利利.德国工匠精神的历史形成与传承[J].自然辩证法通讯,2018,40(12):101-107.

[19] 陈晶.中国古代工匠制度下工匠精神的产生与演进[J].新美术,2018,39(11):34-39.

[20] 石琳.中华工匠精神的渊源与流变[J].文化遗产,2019(2):17-24.